Reinhold Messner
Ralf-Peter Märtin

Meine heiligen Berge

Reinhold Messner
Ralf-Peter Märtin

Meine heiligen Berge

Ullstein

Inhalt

Thron der Götter

Der Berg im
Schöpfungsmythos

Seit sich der Mensch mit der Frage beschäftigt, wie er und die Welt um ihn herum entstanden sein könnten, kreisen seine Gedanken auch um Berge und Gebirge. Die Vorstellung, dass diese aus dem Nichts gekommen seien, war für die meisten Naturvölker undenkbar. Sie suchten Erklärungen und schufen sie in Form von Mythen, die so zahlreich und verschieden sind, aber doch eines gemeinsam haben: die Ehrfurcht vor der Natur, das Göttlich-Erhabene dieser uralten Gebilde, die oft als Sitz guter oder böser Götter gelten. Der Berg als Zentrum, als Sinnbild für die metaphysische Angst des Menschen vor dem Untergang und für seine Hybris zugleich.

Wir laden Sie ein, uns auf diese Reise in die Welt der heiligen Berge zu begleiten. Während in meinen Texten die subjektive Bergerfahrung im Vordergrund steht, widmet sich Ralf-Peter Märtin den religiösen, mythologischen und kulturgeschichtlichen Aspekten.

Wheeler Peak im Great Basis National Park, Nevada

Vulkan Mount Drum, Alaska

Lange vor der Entstehung der großen Religionen mit ihren eigenen Schöpfungsgeschichten erzählten alte Mythen von der Schaffung der Welt. In Tibet etwa ist das Bild verbreitet, Wasser und Erde hätten sich um einen Urberg herum geordnet. Die Gebirgsketten erscheinen im Weltbild der Tibeter wie konzentrische Wellen um einen Mittelpunkt. Andere fernöstliche Kulturen sind der Auffassung, die Welt verdanke ihre Entstehung dem Leib eines Riesen-ähnlichen Bergwesens. Die vielen Schöpfungsmythen sind so zahlreich wie die Völker, auf die sie zurückgehen – auch wenn sich die Vorstellungen oftmals gleichen. Aus ihnen und der menschlichen Fähigkeit des Mitfühlens und der Möglichkeit, soziale und emotionale Erfahrungen untereinander zu kommunizieren, mag entstanden sein, was wir heute Religion nennen.

In frühen Kulturen lebte jede Sippe ihre eigene Religion, eine Art sozialer Übereinkunft, geprägt von tiefer Ehrfurcht vor der Natur, getragen von der gemeinsamen, auch metaphysischen Angst vor dem Untergang. Bei diesen »Naturreligionen« sind nicht Ethik und Moral ausschlaggebend, sondern das, was dem Menschen innewohnt. Ein Gefühl, ein tiefgehendes uraltes Wissen. Berge spielten dabei eine bedeutende Rolle. Ich habe mich oft gefragt, ob die frühen Menschen instinktiv die Erdgeschichte ahnten? Konnten sie aus Felsformationen, Fossilien oder Gewitterwolken ihr Habitat aufschlüsseln? Die Mythen von der Entstehung der Erde und der Kraft ihrer Götter lassen es ahnen.

Den Ägyptern zum Beispiel war der Ibis heilig. Auf bildlichen Darstellungen trägt Thot, Gott des Mondes, der Magie und der Weisheit, einen Ibiskopf. Die Vögel, die Jahr für Jahr während der Nilschwemme nach Ägypten kamen, ernährten sich von Kleininsekten und Heuschrecken. Im Flug trugen sie immer etwas Erde im Schnabel, Krümel fielen immer wieder zu Boden. Aus diesen »Abfällen« bildeten sich allmählich Berge. Wie aus Sedimenten im Meer wuchsen ganze Gebirge empor.

Die indischen Parsen, die ursprünglich aus dem Hochland des Iran stammten, kannten mit Angra Mainyu einen bösen Gott. Er grub Löcher in die Erde, um diese zum Untergang zu zwingen. Er grub und grub, mühte sich ab, häufte die anfallenden Steine und das Erdreich zu Hügeln, höher und höher. Als er aufgab, waren Berge und Täler entstanden, eine zerklüftete Gebirgslandschaft. Alles nur, um Übles zu tun? Nein, um die Erde bewohnbar zu machen.

In den *Veden*, den ältesten religiösen Texten der Hindus, finden sich zwei Vorstellungen von der Entstehung der Höhen dieser Welt: Der Dotter eines Ur-Eis sei zum Gebirge erstarrt; oder der Augapfel eines toten Dämons habe die Form von Hügeln und Bergen angenommen. Und Brahma, einer der wichtigsten Gottheiten im Hinduismus, soll den Ozean mit einem mächtigen Schneebesen gequirlt haben. Wie beim Schlagen der Milch entstand dabei Rahm, aus dem später Butter wurde: der Berg Himatschal, der zum Thron Shivas wurde. Dazu berichten die *Veden*: Einst habe Shiva einen Streit zwischen Brahma und Vishnu geschlichtet. Er sei ihnen als Feuersäule erschienen und habe dann die Form des Berges Arunachala angenommen. Nach diesem alten Sanskrit-Text ist der Arunachala im südindischen Tamil Nadu »von allen heiligen Orten der heiligste«. Hoch ist der rötliche Vulkankegel mit seinen 980 Metern nicht. Der Kailash im Transhimalaya, für Hindus und Buddhisten gleichermaßen ein heiliger Berg, ist um ein Vielfaches höher. Doch während der Kailash nur der Ort ist, an dem Shiva wohnt, ist der Arunachala, der »Hügel des Lichts«, die Verkörperung Shivas.

Auf Java galt Batara Guru als oberster Gott. Von einer Wolke aus sah er auf die von Menschen bewohnte Erde herab. Er fürchtete, die Erdscheibe könne sich unter dem Gewicht der Meere zur Seite neigen. Um das zu verhindern, schuf er die Berge als Gegengewicht zum Wasser und sicherte den Menschen ihren Lebensraum.

Die Berge waren also seit jeher mythische Orte – denen der Mensch aber ambivalent gegenüberstand. In Mitteleuropa waren Berge das Revier der Geister, Hexen und Ungeheuer. Das Gebirge selbst war tabu und galt als unbezwingbar. Die Menschen versuchten, die Herrscher der Berge friedlich und gnädig zu stimmen. Dem Unerklärlichen setzten sie später das Segensbrauchtum entgegen. Und dem Bedrohlichen begegneten sie mit Abwehrritualen. Gleichzeitig verehrten sie die Gebirge als göttlich, als Sitz von Mächten, größer als sie selbst. Schon vor zehntausend und mehr Jahren haben Jäger und Sammler, die weder Besitz noch einen festen Wohnsitz kannten, ihre Kultplätze und Opferstätten auf Hügeln und Bergen errichtet. Um Übersicht zu gewinnen über die Welt, die Zeit, auch über das Jenseitige? Um den Göttern nahe zu sein? Auch heilige Felsen und Gipfelheiligtümer gab es in fast allen Kulturen der Welt. Auf den kanarischen Inseln etwa waren die Berge für die Ureinwohner, die Guanchen, heilig. Am Fuße des »Wolkenfelsens« Roque Nublo opferten sie ihrem Sonnengott. Die beiden Basaltmonolithe sind heute das Wahrzeichen von Gran Canaria.

Auf der Nachbarinsel Teneriffa erhebt sich der Teide wie eine Fata Morgana aus dem Nichts. Mit einiger Phantasie lassen sich Gesichter und Gestalten in den bizarren Lavafelsen des Vulkans erkennen. Der Name

> Kühne überhängende gleichsam drohende Felsen, am Himmel sich auftürmende Donnerwolken, mit Blitzen und Krachen einherziehend, Vulkane in ihrer ganzen zerstörenden Gewalt, Orkane mit ihrer zurückgelassenen Verwüstung, der grenzenlose Ozean in Empörung versetzt, ein hoher Wasserfall eines mächtigen Flusses ... lassen die Macht des Menschen zu einer unbedeutenden Kleinigkeit schrumpfen.
> Immanuel Kant

des 3718 Meter hohen Kegels ist die hispanisierte Form des Guanchen-Begriffs *Echeyde*. Der Legende nach hatte der Dämon Guayota dort den Sonnengott Magec festgehalten und die Welt der Guanchen damit ins Dunkel gestürzt. Verängstigt baten diese ihren obersten Gott Achamán um Hilfe. Er verjagte Guayota, befreite den Sonnengott und verschloss die obere Öffnung des *Echeyde* mit einem Pfropfen, auf dass die Dunkelheit nie wiederkehre.

Die Gottheiten der Berge sind so zahlreich wie vielfältig: Gewittergötter, Regengötter, Sturmgötter. Sie bevölkern Regionen, die über Jahrtausende als Orte galten, von denen Gefahr ausgeht – in Form von Unwettern, Murenabgängen und Hagelschlägen. Ob die Griechen ihre Angst vor dem Erhabenen verdrängten, indem sie den Olymp zum Sitz ihrer Götter erklärten? Kein Sterblicher jedenfalls sollte sich dem gewaltigen Bergstock, dem ewigen Wohnsitz der Götter, ungestraft nähern. Die Römer wiederum sahen in den Bergen vor allem Verkehrshindernisse und errichteten auf den Passhöhen Altäre und Jupitersäulen als Dank an die Götter für sichere Wege.

Die Japaner verehren den Fujiyama als heiligen Berg. Über dem Feuer der kochenden Erde entstanden, hat er sich nach japanischer Vorstellung bis zu den Wolken aufgetürmt. Auf seinen Höhen thront die Göttin Fuji San. Und in China ist die spirituelle Entwicklung sowohl des Daoismus als auch des Buddhismus untrennbar mit den Bergen verbunden. Ein Dutzend heiliger Berge, wo Mönche und Einsiedler sich zur Meditation in der Einsamkeit zurückzogen, sind berühmt. Steile Treppen, die direkt in den Himmel zu führen scheinen, zu Klöstern in schwindelerregender Höhe,

Feuergott Vulkan

wurden millionenfach erstiegen. Chinas heilige Berge sind pittoreske Ensembles, oft von großer Dramatik. Die Literatur zu den heiligen Bergen in China und Japan aber bleibt bescheiden im Verhältnis zu jener der Inder. Nicht dass es die Inder auf die Gipfel getrieben hätte, die Berge als Heiligtümer oder gar Gottheiten, von den Ariern mitgebracht aus Persien, gehören von Anfang an zu ihrer Religion. Der Berg ist für die Inder in den Mittelpunkt ihres Kosmos gerückt und so zum Wallfahrtsort geworden: »Zum Heile seien uns die festen Berge«, heißt es im *Rigveda*, dem ältesten Teil der vier *Veden*. Auch die Sage von den »geflügelten Bergen« kommt aus Indien: Berge flogen auf und ließen sich nieder, wo es ihnen gefiel. Berge als lebende Wesen, auf denen die Götter opfern, sind naturgemäß göttlich, nicht nur Quellgebiet für Gewässer, Wind, Wolken, Blitz und Donner. Wie die Brahmanen ihre Heiligen, sahen auch die Buddhisten ihre Meister an: in der Gestalt von Bodhisattvas hoch oben in den Einsiedeleien im Himalaya. In Einsamkeit, Beschaulichkeit und Versenkung suchen Besucher einen übernatürlichen Zustand im Gebirge.

Der Mont Ventoux in der Provence galt den Kelten als heiliger Berg. Vom Gipfel des keine 2000 Meter hohen, freistehenden, kahlen Buckels fällt der Blick ungehindert auf leicht geschwungene Hügel und Flusstäler. Nichts versperrt die Aussicht. Die Besteigung dieses Berges ist leicht und ungefährlich: keine Felswände, nirgends Abgründe, kein Steinschlag. Allein vom Drang beseelt, diesen außergewöhnlich hohen Ort zu sehen, bricht Francesco Petrarca 1336 in Avignon auf und dokumentiert die Aussicht von diesem Berg: »Ich schaue zurück und nach unten: Wolken lagen zu meinen Füßen, und schon werden mir Athos und Olymp weniger sagenhaft, wenn ich schon das, was ich über sie gehört und gelesen, auf einem Berg von geringerem Ruf zu sehen bekomme. Ich wende dann meine Blicke in Richtung Italien, wohin mein Herz sich stärker hingezogen fühlt. Die Alpen selber, eisstarrend und schneebedeckt [...], sie zeigten sich mir ganz nah, obwohl sie weit entfernt sind. [...] Die Berge der Provinz Lyon [...] zur Rechten, zur Linken sogar der Golf von Marseille und der, der an Aigues-Mortes brandet, waren ganz deutlich zu sehen, obwohl dies alles einige Tagesreisen entfernt ist. Die Rhone lag geradezu unter meinen Augen.« Petrarcas Beschreibung ist ein Novum in der europäischen Geistesgeschichte. In seiner Betrachtung sind Entfernung zwischen Schöpfung und Schöpfer aufgehoben. Wohl deshalb wurde Petrarca später als erster moderner Mensch gesehen. Er habe die »falschen Dämonen« abgeschüttelt wie Milarepa zwei Jahrhunderte vor ihm am Kailash.

Von der Erschaffung der Welt bis zu Kolumbus und seiner Entdeckung Amerikas waren in der alten Welt viele Mythen entstanden – nun kamen die Sagen um die Entstehung der Bergwelt des neuen Kontinents hinzu. Der Illimani, die höchste Erhebung der bolivianischen Anden zum Beispiel, ist ein erloschener Vulkan, knapp 6500 Meter hoch. Ob sich die indianischen Ureinwohner, die Respekt vor diesen Höhen hatten, die Entstehung dieses gigantischen Berges erklären konnten? Sie erzählten die Sage von zwei Riesen, die sich bekämpften. Nachdem beide tot waren, erstarrten ihre Köpfe zu Bergen. Einer davon ist der Illimani. Ähnlich der Iztaccíhuatl in Mexiko, der als *Mujer dormida*, als schlafende Frau, gesehen wird. Nach der Mythologie der Azteken sind die beiden benachbarten Gipfel Iztaccíhuatl und Popocatépetl ein zu Stein gewordenes Liebespaar.

Orte der Naturverehrung gab es auch in Südtirol. Bereits vor 5000 Jahren – zur Zeit Ötzis – müssen wir uns einige Hügel und Berge rund um meinen heutigen Wohnsitz, die Burg Juval, als besondere Plätze vorstellen. Auf einer flachen Wiese, unmittelbar unter dem steil aufragenden Schlossfelsen von Juval, wurden 1983 im Zuge einer Wegbaumaßnahme Siedlungsreste aus der Ötzi-Zeit freigelegt: Man fand Feuerstellen, Überreste von Mauern, Werkzeuge aus Stein. Handelte es sich um den Winterplatz der Ötzi-Sippe? Weiter unten sind Schalensteine zu bewundern, im Innenhof des Schlosses ebenso. Warum sollten die Menschen eines Clans in der Kupferzeit, die Getreide anbauten und Vieh hielten, das sie im Sommer bis auf die freien Weideflächen weit über die Waldgrenze trieben, nicht mit anderen Sippen zu kultischen Handlungen zusammengekommen sein? Auf dem sonnenverwöhnten Schlossfelsen oder gegenüber, am Überbichl über Naturns oder am Vinschgauer Sonnenberg. »Dort ist eine Steinsetzung zu erkennen, die auf eine Megalithkultur

schließen lässt«, hat Hans Tappeiner, Südtiroler Heimatforscher und spezialisiert auf steinzeitliche Zeichensysteme, herausgefunden: »Etliche klaftergroße Steine sind am Osthang in einer Reihe gegen Osten hin ausgelegt. Genau dort, von wo man im Osten – zwischen der Sarner Scharte und dem Rittner Horn – die Gleislerspitzen hervorragen sieht. Somit wäre mit dem Platz ein Ort der Tages- und Nachtgleiche (20. / 21. März bzw. der 22. / 23. September) markiert. Aber es zeigen sich auch noch die Spitze des Langkofels überm Vigil-Joch und der Kesselkogel im Rosengarten in der Virgil-Joch-Scharte.«

Iztaccíhuatl, Mexiko

Ich habe den Platz besucht. Kein Zweifel, er erzeugt eine emotionale Spannung, besonders in einem Horizontsüchtigen wie mir. Obwohl ich die Berge, die dort über dem Horizont aufragen, alle bestiegen habe, kam Fernweh auf, als ich sie in dieser Konstellation sah. Unsere Urahnen haben diese Ausblicke nicht nur gekannt, sondern auch erzählt, was sie dabei empfanden. Ihre Geschichten wurden über Jahrtausende weitergegeben, sie sind in Märchen und Sagen überliefert. Viele von ihnen spielten in den Dolomiten, den »bleichen Bergen« im Südosten von Bozen. Einzigartig ist das Bild vom versteinerten Rosengarten. In der Tat erinnert das vielgezackte Felsgewirr hoch über dem Talkessel der Stadt an eine Burg aus der Urzeit. An klaren Tagen, besonders im Herbst, huscht mit Einbruch der Dämmerung oft ein ockergelbes bis purpurnes Leuchten über die schroffen Zinnen.

Die »Sage vom Rosengarten« erzählt vom Zwergenkönig Laurin, der die Fürstentochter Similde in sein Schloss entführt. Sein Reich ist geschmückt mit Edelsteinen, mit Rosen bepflanzt und zum Schutz gegen fremde Eindringlinge mit einem Seidenfaden umzäunt. Simildes Freunde aber zerreißen den Faden, zertrampeln die Blumenfelder und bringen die Fürstentochter zurück in ihre alte Welt. Laurin lässt daraufhin im Zorn all seine Herrlichkeit zu Fels erstarren. Nur noch im Abendrot soll sein Felsenreich für kurze Zeit aufleuchten wie seine einstige Zauberwelt voller purpurner Rosen – im Gedenken an die einstige Pracht.

Während der Napoleonischen Kriege wurden in den österreichischen Alpen die ersten christlichen Gipfelkreuze errichtet – wohl um die Bergbauern moralisch gegen die vorrückenden Franzosen zu rüsten. Diese galten ja seit der Revolution von 1789 als antiklerikal, wagten sich selbst aber nicht hinauf bis zu den Gipfeln. Auf Jöchern und Vorbergen hatte man früher schon Marterln und Wetterkreuze vor allem zum Schutz der Saumwege erstellt und regelmäßig erneuert. Man erbat so den Segen von oben, weil man um die Gefahren – Lawinen, Wettersturz, Steinschlag – wusste. Die Säumer oder Samer, die Ersten, die Güter über Passwege transportierten, versahen den Gekreuzigten dabei stets mit alten Kleidern, damit er im Winter nicht fror.

Von den christlichen Symbolen ist der Weg nicht weit zur Naturbegeisterung des 18. Jahrhunderts, die in die Berge all ihre Zivilisationskritik hineinprojizierte, sie zu einem Ort des Reinen und Unverfälschten erklärte. Hinzu kam ein neuer ästhethischer Blick, dem die romantische Idee des Erhabenen zugrunde lag: eine Art reizvolles Schaudern, das den Betrachter erfasst, wenn er von hoch oben in die Weite, in tiefe Schluchten und reißende Wildbäche blickt. Als schließlich auch die Wissenschaft diesen neuen »Kontinent der Höhe« für sich entdeckte und erforschte, begann die Phase des Alpinismus mit all seinen Spielarten. Und weil immer mehr Menschen diese Erfahrungen machen wollten, entstanden mit der Zeit Infrastrukturen – erst Wege und Hütten, dann Klettersteige, zuletzt ganze Hoteldörfer und Panoramapaläste, jedoch ohne Ausstrahlung.

Alpentouristen im Abstieg

Den tiefen Respekt, der das Verhältnis Mensch-Berg jahrtausendelang prägte, hat der Mensch inzwischen überall dort verloren, wo der Tourismus nicht als Pilgerschaft, sondern als Event- oder Wellness-Angebot verstanden wird. Stressgeplagte Menschen sollen zwischen Gipfel und Heubad psychisch genesen, ihr »Seelenheil« in den alpinen »Kraftzentren« wiedererlangen, wie es in vielen Broschüren heißt. Auch wenn Entschleunigung angesichts des prallvollen Programms mancher Anbieter fraglich scheint.

Nicht allein das Schöne einer Landschaft, das Gefährliche, die Annäherung an das Unendliche ist der entscheidende Aspekt, der jene Erfahrung auslöst, die Berge einst zu heiligen Stätten gemacht haben. »In der Tat liegt das Leben, das man selig nennt, auf hohem Gipfel, und ein schmaler Pfad, so heißt es, führt zu ihm hin. Auch viele Hügel ragen dazwischen auf,

und von Tugend zu Tugend muss man mit erhabenen Schritten wandeln; auf dem Gipfel ist das Ende aller Dinge und des Weges Ziel, auf das hin unsere Pilgerreise ausgerichtet ist«, schreibt Petrarca 1336 in einem Brief an Francesco Dionigi. Doch immer dann, wenn der eigene Glaube als etwas Absolutes empfunden wird, dient auch der Mythos Berg nur dazu, andere Religionen auszugrenzen. Das Feierliche, das Heilige der Höhen aber gehört nicht zu verschiedenen Gottheiten, es steckt in ihrer Natur. Die jeweils »heiligen Berge« blieben dort vom Missbrauch der Eindeutigkeitsbezeugung verschont, wo sie als Pilgerziele verstanden wurden. Ihre Kraft möchte ich also daran gemessen sehen, wie nachhaltig ihre Mythen dazu beitragen, Menschen zusammenzuführen, mehr noch: Gewaltspiralen zu bremsen und letztendlich zu beenden.

Seitdem vor etwa 3000 Jahren der Glaube an einen einzigen Gott die Naturreligionen großteils abgelöst hat, verlieren die Berge an Ausstrahlung, obwohl sie Übersicht, Erkenntnis und die Brücke zum Jenseitigen suggerieren. Judentum, Christentum und Islam verknüpfen ihre Offenbarung zwar mit einem Berg – Sinai, Golgota, Hira –, nachdem sie aber ihren jeweiligen Gott an ihrer Seite wissen, sind sie anfällig für Intoleranz und Schicksalsergebenheit.

Buddha hingegen, der sich vom eigenen Aggressionspotential zu lösen wusste, hat Gier, Hass und Verblendung als mentales Gift erkannt und Mitgefühl gepredigt. Die Friedensmission, die in allen Religionen steckt – *Pax, Delek, Schalom, Salam, Peace* –, ist nur dann zu erfüllen und zu erfahren, wenn die Werte der jeweils anderen Religion respektiert werden und die Wallfahrt zum heiligen Berg geteilt wird. Nur wenn sich Religion von ihrem Gewaltpotential

Gipfelkreuz in den Dolomiten

befreit, wenn sie alles Jenseitige offen lässt, bleiben ihre heiligen Berge starke Erfahrungsräume. Und wenn wir sie zuletzt nicht als Klettergerüst, Wettkampfarena oder Wahrheitstempel missbrauchen, bergen sie ein Erfahrungspotential wie Moscheen, Kathedralen und Tempel.

Als Pilger unter all den anderen Pilgern lassen uns die Wege dort oben vor allem die allgemeine Menschennatur nachempfinden, wie verschieden Wege ins Jenseitige auch sein mögen. Die Pilgerfahrt zu den heiligen Bergen muss also allen offen bleiben, die Brücken zwischen den Gläubigen aller Konfessionen bauen und die Natur dieser Berge nicht verändern wollen. So wie es keine allein selig machende Lebenshaltung gibt, kann es auch keine falschen Pilgerfahrten geben.

Die Frage, wie Berge im menschlichen Bewusstsein »heilig« wurden, ist nicht zu beantworten. Stellen wir uns aber bergsteigende Urmenschen vor, dann ist nicht auszuschließen, dass sich im Menschen etwas verändert, wenn er sich Anstrengung und Gefahr ausliefert. Die Überlebenszentren im Gehirn reagieren offensichtlich nachhaltig auf Todesangst und Halluzinationen. Neben der Vernunft spielte offensichtlich damals bereits das Irrationale eine Rolle. Schon steinzeitliche Schamanen haben ihre Erfahrungen in vorgeschichtlichen Felsmalereien ausgedrückt, und versteckte Botschaften darin vermittelt. In den Brandbergen in Namibia, im Air-Gebirge im zentralen Afrika, in Australien, ja sogar in Südamerika fand ich an markanten Felsen Zeichnungen, die eine beseelte Umwelt zeigen. Als wären für die Steinzeitmenschen die Berge von Geistern bewohnt gewesen. Auch auf kreisförmige Opferplätze und Grabhügel stieß ich vielerorts, meist hoch oben im Gebirge. Zeichen, dass zum Weltbild der Frühmenschen auch ein Jenseits gehörte.

Es waren aber nicht Religionen, die damals den Menschen das Gefühl gegeben haben könnten, der Berg stünde über der Natur. Vielmehr waren es die Geheimnisse der Natur selbst, die Bewusstseinsfähigkeit im Menschen förderten. Dass damit als eine Art Begleiterscheinung auch Religion entstand, ist denkbar, erschüttert uns die Erhabenheit der Berge doch bis heute, wenn wir ihnen begegnen. In biblischen Zeiten – denken wir an Moses am Sinai –, in vorbürgerlicher Zeit – Empedokles als philosophischer Ätnabesteiger – oder am Beginn der Neuzeit mit Antoine de Villes Erstbesteigung des Mont Aiguille in der Provence im Jahr 1492 waren Berge Orte der Erkenntnis und der Läuterung.

Verunsichert von einer übermächtigen Bergnatur, die schier unendlich weit über die Menschennatur hinausragt, ist dem Menschen aber auch seine Endlichkeit bewusst geworden und daraus wiederum wird die Hoffnung für ein Fortbestehen nach dem Tod genährt. In vielen Kulturgemeinschaften außerhalb Europas sind die Berge ringsum bis heute beseelt, jedenfalls geheimnisvoller als bei uns in den Alpen, weil wir in den Berggebieten inzwischen nur noch Tourismusdestinationen, Sportstätten oder Ruheräume sehen. Wer aber mit Neugier und offenen Augen durch das Gebirge geht, begegnet allerorten und Tag für Tag beseelten Bergen, die an Göttliches und mehr noch an Teuflisches erinnern: Teufelsbrücken, Teufelsgräben, Teufelsgraten und Teufelshörner gibt es so viele in den Alpen wie Teufelskanzeln, Teufelslöcher oder Teufelskirchen. Dazu kommen Teufelszahn und Teufelswand, Teufelstein und Teufelsturm. Der Devils-Tower in Wyoming in den USA, dieser frei stehende Turm, aus lauter Basaltsäulen gebaut, sieht aus, als könnte er den Himmel allein tragen. So, wie das Teuflische in den westlichen Bergregionen für Verwirrung zu sorgen scheint, gelten Berge in China mit ihrer vitalen Kraft als ordnendes Element. Als Manifestation von Yang strahlen sie positive Energie aus, die wiederum einem langen Leben dienlich sein soll. Schon drei Jahrtausende vor unserer Zeitrechnung galten fünf Berge in China als heilig. Auf deren Gipfeln wurden Schreine errichtet und Opfergaben dargebracht, um – ähnlich wie vielerorts im Gebirge – den Berggeistern zu huldigen. In China erzählt eine eigenständige Kunst in Wort und Bild vom Verhältnis Mensch-Berg. Taoismus und Konfuzius nutzten sie für die Verbreitung ihres Weltbildes.

Wir können also eine Tradition in der Beschreibung der Bedeutung der Berge für die Menschen erkennen. Ähnlich wie frühe Felsbilder eine wichtige Quelle sind für die Ergründung des steinzeitlichen Weltbildes, sind besondere Berge wie beispielsweise der Uluru – auch Ayers Rock genannt, an dem seit 10 000 Jahren die australischen Aborigines ihre Ahnen verehren – als Symbole eines frühen Glaubens zu sehen.

Mount Victoria, Kanada

Ein Berg enthält alles.
Kein Wissen, kein Verstehen, keine Träume,
keine Gedanken, die nicht in ihm verborgen
wären.
Abdul Kasim

Sinai

Götterdämmerung

Für Juden, Christen und Moslems ist der 2285 Meter hohe Berg ein heiliger Ort. Der Bibel zufolge hat Gott auf dem Horeb, dem Berg Sinai, Moses die Zehn Gebote übergeben. Viele Moslems glauben, das Pferd des Propheten Mohammed habe vor dem Himmelsritt aus Jerusalem seine Hufspuren auf den Gipfel des »Dschebel Musa«, so der arabische Name, gesetzt. Heute eskortieren Beduinen auf ihren Kamelen den Pilgerstrom.

Sinai, Ägypten

Blick über die Felswüste des Sinai

Auf der Suche nach dem biblischen Berg Sinai hielt ich mich 2010 eine Winterwoche lang in der gleichnamigen Felswüste auf. Als ich über die vielen tausend Stufen vom Katharinenkloster zum Gipfel hinaufstieg, erlebte ich diese Bergbesteigung als Offenbarung: inmitten der Gläubigen aus aller Welt, die die letzten Stufen offensichtlich nur mit göttlicher Hilfe schafften und oben angekommen in einer Art Erleuchtung strahlten. Als ob sie auf dem einzig richtigen Gipfel stünden. Als ob sich der Mensch mit der *Thora* ein für alle Mal über die Naturmythen erhoben und ethische Gesetze akzeptiert habe, weil sie von »oben«, von Gott kamen!

Der Sinai ist für uns Abendländer ein ganz besonderer Berg. Dort, wo Gott – *Jahwe*, *El* oder *Elohim* benannt – Moses und damit den Israeliten einst die Zehn Gebote übergab, soll der Eingottglaube entstanden sein. Auch wenn niemand weiß, an welchem Ort genau sich das zugetragen hat. Wissenschaftler haben den biblischen Berg in den letzten Jahren an verschiedenen Punkten im Nahen Osten ausgemacht: am Djebel Musa, an dessen Fuß seit 1500 Jahren das monumentale Katharinenkloster steht oder bei der Oase Feira im zerklüfteten Djebel Zerbal; andere Forscher vermuten ihn weiter nördlich oder auch in der Negev-Wüste gelegen; wieder andere verorten ihn südlich bei Eilat am Roten Meer oder sogar im nördlichen Saudi-Arabien. Archäologische Funde belegen, dass sich seit der Steinzeit an vielen dieser Orte Kultstätten befunden haben, auch hier am Sinai. Aus der Bronzezeit, etwa ab 3200 vor Christus, sind Reste von Lagerplätzen nachgewiesen und an einigen Felsen finden sich Gravuren mit Darstellungen von Jagdszenen. Der normale Bibelleser mag diese Bilder mit den Texten aus dem Buch der Bücher in Verbindung bringen, ganz so, wie es die großartige Erzählweise suggeriert. Aber kann die Geschichte stimmen?

Mit den *Fünf Büchern Mose* konstruierten die Verfasser der Bibel eine einzigartige Vergangenheit ihrer Nation. Und mit dem Jahwe-Glauben erfanden sie das Auserwähltsein des jüdischen Volkes. Während der Rest

der damaligen Welt an viele Götter glaubte, galt für Juden die Ausschließlichkeit des einen und einzig wahren Gottes. Nur: Nahmen sie mit dieser religiösen Haltung tatsächlich eine Pionierstellung ein? Haben sie alle »Götzen« vertrieben, in einer Zeit, in der es der Mensch erstmals wagte, sich die Welt ohne Naturgötter vorzustellen?

Es war eine Zeit, in der neben dem Perser Zarathustra auch Konfuzius in China und die ionischen Naturphilosophen lehrten. Schon für die Perser, die weite Teile der antiken Welt erobert hatten, war Gott ein Wesen ohne Gestalt. Ihr großer Lehrer Zarathustra verkündete die Lehre von Gut und Böse, zuletzt predigte er von der Existenz eines einzigen Gottes: *Ahura Mazda*, Herr der Weisheit. Er würde an einer Art jüngstem Tag darüber richten, ob der Mensch, der sich entscheiden kann zwischen dem rechten und dem falschen Weg, über eine Brücke hinein ins Paradies gelangen würde. Ein Bild, das es auch im christlichen Glauben gibt.

Kultstätten im Sinai

Sinai heute: Technik statt Offenbarung

Wohl während ihres Exils in Babylon kamen die Juden mit der Lehre von Zarathustra in Kontakt. Der Monotheismus hat also mit Sicherheit eine längere Vorlaufzeit, als es uns die Bibel glauben machen will. Und das nicht nur wegen Zarathustra. Bereits im alten Ägypten gab es mit Echnaton einen Pharao, der nach seiner Thronbesteigung im Jahr 1353 vor Christus die Verehrung eines einzigen Gottes postulierte – Aton, dargestellt als gleißende Sonnenscheibe. Die Hebräer dagegen verehrten noch 400 Jahre später Jahwe als Wetter- und Fruchtbarkeitsgott, als einen unter vielen. Auf Bergkuppen wurden Opferfeuer für ihn entzündet.

In den Tagen auf und zwischen den Sinai-Bergen frage ich mich nicht, ob die alttestamentlichen Geschichten wahr sind oder erfunden, Propaganda oder Fälschung. Mich interessiert, dass die »Wahrheit« der Überlieferung nach von oben, vom Berg kommt. Von dort ausgehend, verankerte sie sich im Auserwählten Volk und zog dann immer weitere Kreise. »Story telling« wurde für die Nationenbildung so wichtig wie Gesetzgebung und religiöser Kult. Einst wie heute.

Nichts auf dem Sinai ist so ungewöhnlich, dass es die Geschichte vom brennenden Dornbusch nachvollziehbar machte. Tatsächlich entstand auch die dem Stammvater Abraham verheißene und angeblich von Moses gestiftete Jahwe-Religion nicht nur viel später, sondern auch mitten in Kanaan. Die Austreibung der heidnischen Götter geschah aus den Machtinteressen und dem Abgrenzungsbedürfnis der Priesterschaft heraus. Bis 600 vor Christus verehrten die jüdischen Stämme, darin ihren Nachbarn gleich, viele Götter. Es gab wenig Unterschiede zwischen ihrer Religion und jener der umliegenden Kulturen. In Ägypten sehnten sich die versklavten Juden nach einem Retter, der sie zurück in ihr angestammtes Land führen würde. Die Erzählung von der Wanderung durch die Wüste,

Es erhob sich ein Donnern und Blitzen, und eine schwere Wolke lag auf dem Berge, und mächtiger Posaunenschall ertönte, so dass das ganze Volk im Lager erschrak. Da führte Moses das Volk aus dem Lager heraus, Gott entgegen. Der Berg Sinai aber war ganz in Rauch gehüllt, weil Jahwe in Feuer auf ihn herabgefahren war.
Die Bibel

die Durchquerung des Roten Meeres und die Neuschöpfung der Religion klingt wie eine Wiedergeburt. Wie Jahwe das Auserwählte Volk in die Freiheit führt – symbolhaft vorneweg schreitend, als Wolken- oder als Feuersäule –, zuerst zum Sinai, wo er sich Moses offenbart, und zuletzt weiter ins Gelobte Land, ist eine starke Geschichte, ein unverwechselbarer und exklusiver Entstehungsmythos. Die Entwicklung des Monotheismus steht also nicht wie der eine Gott jenseits von Raum und Zeit.

Dass dieser Glaube Wahrheit und Moral zur alleinigen Sache Gottes macht, ist das Perfide daran. Dieses wirkungsmächtige Instrument, menschliches Miteinander zu regeln, wird so gleichzeitig zum Gewaltmonopol. Doch niemand ist im Besitz einer absoluten Wahrheit, alle Religionen sind gleich weit von ihr entfernt.

Den Christen waren Berge niemals heilig. Sie sind es nur, wenn sich Heilsgeschehen an ihnen und auf ihnen manifestiert. Auch der Berg Sinai wäre somit bloß ein Berg, hätte nicht Gott als Wolkenfahrer, sein Sohn oder der Heilige Geist gelegentlich von ihm Besitz ergriffen. Dagegen sind die Gipfel des Himalaya, immer als Tanzplatz der Götter gedacht, ein Bild, dem ich heute noch folgen kann.

Mosesberg Sinai

Der Prophet und die Heilige

D a hütet einer Schafe und kann sich glücklich schätzen, dass er in der Fremde ein Auskommen und eine Frau gefunden hat – denn eigentlich ist er ein von der Obrigkeit gesuchter Mörder. Der Ort, an dem er sich nach seiner Flucht befindet, ist die Wüste Sinai. Wir schreiben das 13. Jahrhundert vor Christus. Der Mann heißt Moses, ist Jude und sein Verbrechen besteht darin, dass er im Zorn einen ägyptischen Soldaten erschlagen hat, der auf seine Frondienst leistenden Landsleute einprügelte.

In der Wüste beobachtet Moses ein seltsames Phänomen. Ein Dornbusch steht in Flammen und verbrennt doch nicht. Als er sich neugierig nähert, offenbart sich ihm der Gott seiner Väter. Der Gott Abrahams, Isaaks und Jakobs spricht ihn mit seinem Namen an und befiehlt ihm, seine Schuhe auszuziehen, denn er stehe auf heiligem Land. Der Auftrag, den er Moses erteilt, weckt aber alles andere als Begeisterung in dem späteren größten Propheten der Bibel: Er soll die Juden aus der ägyptischen Knechtschaft befreien. Warum gerade ich, fragt Moses, wieso soll man mir glauben, dass ich in Deinem Namen spreche? Außerdem hat er schwere Zweifel, ob er der Aufgabe gewachsen ist. Aber Jahwe, der sein Wesen durch seine allumfassende Präsenz definiert – »Ich bin, der ich bin« (*Exodus*, 3.14) –, widerspricht man nicht. Zehn ägyptische Plagen später hat Moses seine

Mission erfüllt und die Juden befreit. Nachdem die Armee des Pharao in den Fluten des Roten Meeres versunken ist, das der Stab Moses geteilt hatte, finden sich die Israeliten am Fuß des Berges Sinai wieder. Jahwe ist ihnen tagsüber in Gestalt einer Wolkensäule, des Nachts in der einer Feuersäule vorangezogen. Auf der Spitze dieses Berges – so die Bibel – schließt Jahwe den Bund mit seinem Auserwählten Volk und übergibt seinem Propheten Moses die Zehn Gebote und damit die Grundlage sittlichen Handelns, die nicht nur im Judentum, sondern auch im Christentum und Islam die Basis eines gottgefälligen Lebens ausmacht.

Wolkenspiel, Sinai

Wo genau diese Übergabe stattgefunden hat, diese Frage hat die Bibelwissenschaft zu unzähligen Debatten herausgefordert. War es ein Vulkan? Dann kann er sich nicht auf dem Sinai befunden haben. War es der etwa fünfzig Kilometer weiter nördlich gelegene Gebel Serbal bei der Oase Feiran? Und ist der »Gottesberg« des brennenden Dornbuschs, in der Bibel mit dem Namen »Horeb« bezeichnet, identisch mit dem Berg des Gesetzes, dem Sinai? Außerdem: Wenn schon die Berge des Sinai-Massivs – wieso wurde ausgerechnet der dritthöchste Gipfel mit seinen 2285 Metern zum Mosesberg erklärt, anstatt des höheren und in unmittelbarer Nachbarschaft gelegenen Katharinenbergs (2642 Meter)?

All diese Fragen spielten vom Zeitalter der Aufklärung an eine Rolle, als sich die Geschichte vom Auszug aus Ägypten unter den kritischen Augen der Philologen, Archäologen und Historiker als höchst fragwürdiges Konstrukt eines Ereignisses herausstellte, das keinesfalls so stattgefunden haben kann, wie in der geschilderten Form. Für die spanische Nonne Egeria, die Ende des 4. Jahrhunderts mit einer Gruppe von Pilgern den Sinai besuchte, gab es hingegen keinerlei Zweifel an der Wahrheit der biblischen Geschichte, weswegen sie ganz selbstverständlich die Bibel als Reiseführer benutzte. Der Pilgerbericht der Egeria, den man erst Ende des 19. Jahrhunderts und nur in einer einzigen Abschrift entdeckte, beschreibt eine Reise, die von Nordspanien über Konstantinopel und Jerusalem bis auf den Sinai und nach Ägypten führte. Nicht nur dass eine Frau diese lange und beschwerliche Reise auf sich nahm, sondern auch dass Egeria, gebildet und des Griechischen kundig, ihren Bericht selbst verfasste, macht ihn zu etwas Einzigartigem. Nebenbei zeigt die gefahrlose Reise der Nonne vom Atlantik bis zum Roten Meer, wie sicher man sich vor 1700 Jahren innerhalb der Grenzen des Römischen Reiches bewegte.

Egeria nähert sich dem Mosesberg von Nordosten, genau wie die heutigen Pilger, aber zu ihrer Zeit gab es keinen bequemen Weg, die 3700 Steilstufen, die heute hinaufführen, wurden erst im Mittelalter angelegt. Vor Sonnenaufgang an einem Sonntagmorgen bricht sie auf und klettert »mit unermesslicher Mühe, weil du diese Gipfel nicht mählich und mählich im Kreis oder wie wir sagen im Wendelgang, sondern ganz direkt besteigst wie eine Mauer«. Doch die Anstrengung wird ihr leicht, weil die Sehnsucht, Gott nahe zu sein, sie wie von selbst nach oben führt. Schon im Herankommen hat sie »gesehen«, dass der Berg Gottes alle übrigen Gipfel weit überragt und als sie ihn gegen zehn Uhr erklommen hat, schrumpfen die anderen Berge zu »kleinen Hügelchen«. Hier sehen nicht die Augen, sondern der Glaube, denn Egeria schreibt, die Aussicht reiche bis ans Mittelmeer und nach Palästina. Tatsächlich erblickt man – und das auch nur bei gutem Wetter – den Golf von Suez im Westen und den von Akaba im Osten.

Schon sehr bald nachdem Kaiser Konstantin das Christentum im Jahr 313 als »erlaubte Religion« anerkannt hatte, begannen Pilger die Orte und Landschaften der Bibel – allen voran natürlich Jerusalem –, aufzusuchen. Eusebius von Cäsarea, Bischof und Biograph Konstantins, verfasste um 320 ein »Onomastikon«, ein Verzeichnis von 800 biblischen Ortsnamen und ihren »modernen« Entsprechungen. Wahrscheinlich hat Egeria dieses Lexikon für ihre Reiseplanung herangezogen. Im Gegensatz zu den »heidnischen« Religionen, deren Mythen in einer jenseitigen Welt von Raum und Zeit spielten, ließen sich die Geschichten des Alten und Neuen Testaments geographisch und historisch verifizieren und gewannen dadurch eine unmittelbar einleuchtende Glaubwürdigkeit. Egeria liefert dafür das beste Beispiel. Der Dornbusch unterhalb des Mosesberges wird ihr von den dort lebenden Einsiedlern und Mönchen als jener gezeigt, »aus dem Gott im Feuer zu Moses gesprochen hat. Dieser Dornbusch lebt und treibt bis heute Zweige.« Auch den Ort, wo die Israeliten um das Goldene Kalb tanzten, den Felsen, an dem Moses aus Zorn darüber die Gesetzestafeln zerbrach, besucht sie, ebenso die Stätten, wo während der Wüstenwanderung das rettende Manna vom Himmel regnete, wo Moses Wasser aus dem Felsen schlug und wo er das Meer teilte. Palästina und der Sinai wurden für Egeria wie die anderen Pilger so zu einem »Gedächtnisspeicher«, zu einem Raum der Erinnerung. An den authentischen Schauplätzen des biblischen Geschehens vollziehen die Pilger das Heilsgeschehen spirituell nach. Wir können Ähnliches noch heute erleben, wenn in Jerusalem die Karfreitagsprozession über die Via Dolorosa zieht.

Zur Zeit ihres Besuchs gab es auf dem Sinai noch kein Kloster. Einzig eine kleine Kirche am Dornbusch und eine Kapelle auf der Spitze des Mosesberges erwähnt Egeria. Die Mönche lebten als Einsiedler oder in Form einer Laura – in getrennten Behausungen, aber die Liturgie zusammen feiernd.

Zweihundert Jahre später hatte sich die Situation vollständig geändert. Diesmal ist unser Zeuge ein Mann und er kommt aus Piacenza, einer italienischen Stadt am rechten Ufer des Po. Wir wissen den Namen dieses Pilgers nicht, wohl aber, dass er um 570 aus seiner Heimatstadt aufgebrochen ist. Auf dem Seeweg reist er nach Zypern, von dort ins Heilige Land und auf den Sinai. Das Bild Palästinas, das er in seinem Bericht entwirft, zeigt eine prosperierende, wohlhabende Region, angebunden an die großen Karawanenstraßen des Orients und profitierend von einem gewaltigen Pilgerstrom. Der Handel mit Reliquien blüht und jeder Pilger kauft eine der Bibeln, die Schreibmanufakturen in Cäsarea fast schon fabrikmäßig produzieren. Überall sind an den heiligen Orten Kirchen und Klöster entstanden, die das liefern, weswegen man die weite Reise auf sich genommen hat: Segen und Heil. Darum bemüht sich

Die beiden Autoren auf dem Sinai

auch unser Pilger. In der Grabeskirche küsst er das wahre Kreuz Christi, trinkt auf dem Zionsberg aus der Hirnschale der heiligen Theodata – einer Märtyrerin, die in der Regierungszeit Kaiser Diokletians im Jahre 303 hingerichtet wurde – nimmt sich Wasser aus dem Jordan von der Stelle mit, wo Jesus getauft wurde und erzählt, dass andere Pilger ihre Kleider im Fluss benetzten, um sich später in diesen geweihten Gewändern begraben zu lassen. Steine vom Berg Tabor, abgeschabter Kalk aus der »Milchgrotte« in Bethlehem, in der die Heilige Familie Zuflucht fand, Öl aus den Lampen des Heiligen Grabs sind weitere beliebte Mitbringsel. Obwohl Christi Tod mehr als 500 Jahre zurückliegt, findet sich aus dieser Zeit noch überraschend viel; in Nazareth ein Blatt mit ersten Buchstabierversuchen des Gottessohns, ebenso ein Spielgerät. Von Maria haben sich diverse Haushaltsgegenstände wie Eimer und Körbchen, der Stuhl, auf dem sie während der Verkündigung des Engels saß, Kleider, Schleier und Gürtel erhalten. Fast komplett sind die Reliquien der Kreuzigung bewahrt, der Essigschwamm, die Dornenkrone und das Rohr, mit dem die Soldaten Jesus schlugen, als Krönung das Kreuz, der Kelch des letzten Abendmahls und das Schweißtuch aus dem Grabe.

Als unser Pilger den Mosesberg erreicht, findet er statt verstreuter Einsiedeleien ein Kloster vor. Zehn bis zwanzig Meter hohe Granitmauern umschließen ein Geviert von 70 mal 87 Metern und lassen die ursprüngliche Bestimmung des Baus erkennen: eine Festung. Es war Kaiser Justinian (527–565), der das Bollwerk auf Bitten der Mönche, die unter den Übergriffen heidnischer arabischer Beduinen litten, zwischen 550 und 560 errichten ließ. »Am Fuß des Berges erbaute der Kaiser auch ein sehr starkes Kastell und legte eine gewaltige Besatzung hinein, damit die sarazenischen Barbaren ... nicht in die palästinensischen Gebiete einfallen könnten«, schrieb der Historiker und Zeitgenosse Prokopios von Cäsarea. Innerhalb der Mauern ließ Justinian eine Kirche errichten, geweiht der Gottesmutter Maria. Um die Wasserversorgung zu sichern und den heiligen Dornbusch zu schützen, platzierte der Baumeister des Kaisers die Festung im Tal. Die verteidigungstechnisch ungünstige Position, dazu noch die abgelegene und mit 1600 Höhenmeter im Winter empfindlich kalte Lage führte offenbar dazu, dass die Garnison nach

Norden, in die strategisch besser geeignete und klimatisch günstigere Oase Feiran abkommandiert wurde. Dort, so berichtet unser Pilger, seien achtzig Kavalleristen stationiert, die mit ihren Araberstuten »die Wüste zum Schutze der Klöster und Einsiedler wegen der Raubüberfälle der Araber durchstreifen«. Die Festung wurde zum Kloster und bekam vom Kaiser eine fürstliche Ausstattung: den Grundstock für eine Bibliothek und zweihundert Sklaven. Auf sie soll der noch heute in der Gegend lebende Beduinenstamm der Gebaliye (»Bergleute«) zurückgehen.

Das Katharinenkloster, Illustration aus dem 19. Jahrhundert

Der Pilger aus Piacenza zeigt sich beeindruckt von der Gelehrsamkeit der Mönche, die Latein, Griechisch, Syrisch, Ägyptisch und Äthiopisch beherrschen. Und er ist erfreut, dass es, wie schon in Palästina, auch im Sinai-Kloster etwas zum Mitnehmen gibt. Manna, ein Sekret aus den Blättern der Tamariske, das schon die Israeliten auf ihrem Marsch durch die Wüste genährt hatte, wurde im Kloster in kleine Flaschen für die Pilger abgefüllt. Die Sitte allerdings, sich auf dem Gipfel des Mosesberges Haare und Bart zu scheren und sie als Opfer darzubringen, wurzelte nicht in christlicher Tradition, sondern beruhte auf einem arabischen vorislamischen Brauch. Was freilich weder die Mönche noch unser Pilger ahnten.

Das Dokument des Pilgers ist das letzte, in dem auf diese Weise ein ausschließlich christlich geprägter Naher Osten beschrieben wird. Bald darauf brach der Sturm aus der Wüste los und der Islam übernahm etwa um 640 die Herrschaft über Ägypten und den Sinai. Bei den ersten Invasionen der islamischen Heere in Syrien und Palästina war der christlichen Bevölkerung der eroberten Gebiete anfangs gar nicht klar, dass die neuen Herren einer eigenständigen Religion anhingen. Man hielt die Lehre des Propheten Mohammed zunächst für eine Spielart des Christentums. Schließlich finden sich im Koran alle Gestalten der Bibel und Moses (arabisch *Musa*) ist die dort am meisten genannte Person. Der Auszug aus Ägypten und die Wunder, die Allah für die Israeliten verrichtet, werden ausführlich in den Suren »Die Kuh« (2) und »Die Geschichte« (28) erzählt. Schon Ende des 7. Jahrhunderts kamen deshalb muslimische Pilger zum Sinai, und tatsächlich entdeckte man eine Fußspur des Kamels des Propheten Mohammed in Gipfelnähe. Der Umbau eines ehemaligen Speisesaals zu einer kleinen Moschee gleich neben der christlichen Basilika tat ein Übriges, um das Kloster auch für die Moslems zu einem heiligen Ort des Glaubens zu machen.

In einer diplomatischen Meisterleistung gelang es den Mönchen des Klosters bis zum heutigen Tag, in einer oftmals feindseligen Umwelt zu überleben, die Schätze der Bibliothek zu bewahren, Zufluchtsort der Pilger aller Religionen zu sein. Weder wurde das Kloster jemals erobert,

noch war je es unbewohnt. Seit seiner
Gründung feiert man Tag für Tag die
Messe im griechisch-orthodoxen Ritus,
ruft das »Semantron«, ein mit dem Hammer geschlagenes Holzbrett, zum Gebet
und weckt die Mönche am Morgen. Hinter den hohen Klostermauern ging das Leben trotz der Bedrohungen von außen
aber nicht nur weiter: Die spirituelle Praxis der Ostkirche, insbesondere die später
von den Athos-Klöstern übernommene
»Gottesschau« hat hier ihren Ursprung.
Ebenso wie die vom Abt Johannes Klimakos Anfang des 7. Jahrhunderts entwickelte *Himmelsleiter*, eine in zahlreiche
Sprachen übersetzte Anleitung zum gottgefälligen Leben, deren dreißig Sprossen,
beschrieben in ebenso vielen Kapiteln, direkt ins Paradies führen, so man es denn
schafft, den ständig lauernden Versuchungen des Teufels zu widerstehen.

Doch es gab auch einen weltlichen Augenblick größter Bedrohung. Als der in
Kairo residierende Fatimiden-Kalif al-Hakim (996–1021) versuchte, den christlichen Glauben einzuschränken und in einem Anfall religiöser Raserei befahl, die Jerusalemer Grabeskirche zu
plündern und zu zerstören, präsentierten die Mönche einen Schutzbrief, den Mohammed selbst mit seinem Handabdruck unterzeichnet
hatte und der Glaubensfreiheit und den Bestand des Klosters für alle
Zeiten garantierte. Eine Fälschung meint die Wissenschaft, doch wer
anders als die Mönche vom Berg Gottes könnten gemeint sein in der
95. Sure, die so beginnt: »Bei den Feigenbäumen! Bei den Olivenbäumen! Beim Berge Sinai! Bei diesem sicheren Ort! Wir erschufen den

»Himmelsleiter« des
Johannes Klimakos

Menschen in vollendeter Gestalt, alsdann machten wir ihn zum Niedrigsten der Niedrigen – außer denen, die glauben und gute Werke tun, denen wird Lohn zuteil, nicht unverdient ...«.

Die heilige Katharina von Alexandrien ist eine der vierzehn Nothelfer. Sie anzurufen bedeutet, ihrer Hilfe als Fürsprecherin vor Gott gewiss zu sein. Die kluge und wortgewaltige Tochter des Königs von Zypern verteidigte ihren christlichen Glauben so geschickt vor den besten fünfzig Philosophen des Römischen Reiches, dass sie selbst Kaiser Maxentius beeindruckte. Aber keinen Spaß verstand er, als sich Katharina danach weigerte, am üblichen Opferritual für die Götter teilzunehmen. Sie wurde in den Kerker geworfen, dort versorgten sie die Engel mit Nahrung und Beistand. Ein Anblick, der die Kaiserin und sogar den Kerkermeister zum Christentum konvertieren ließ. Erbost über Katharinas Hartnäckigkeit und ihre unbeirrte Glaubenszuversicht verurteilte Maxentius

Katharina als Schutzheilige, Zeichnung aus dem Katharinenkloster

sie zum Tode und befahl, sie aufs Rad zu flechten. Doch es zerbrach. Erst das Beil des Henkers setzte ihrem Leben schließlich ein Ende. Milch statt Blut trat aus Katharinas Wunden und Engel trugen ihren Leichnam auf den Sinai und bestatteten ihn dort.

Seit dem 7. Jahrhundert verbreitete sich die Verehrung der Katharina in der ganzen christlichen Welt, und es dauerte nur ein paar hundert Jahre, bis die frommen Mönche des Sinai-Klosters mit göttlicher Hilfe ihren Leichnam auf jenem Berg entdeckten, der dem Mosesberg unmittelbar benachbart ist und seitdem ihren Namen trägt: Katharinenberg. Ins Kloster überführt, das sich seit dem 10. Jahrhundert »Kloster der heiligen Katharina« nennt, ruhen ihre Überreste in einem Marmorsarkophag in der Basilika, Kopf und Hand in silbernen Reliquienschreinen. Damit hatte das Kloster doppelte Attraktivität gewonnen. Wer als christlicher Pilger nur etwas Mut, Ehrgeiz, Zeit und Geld besaß, besuchte nach Jerusalem den Mosesberg und das Katharinenkloster und fühlte sich dem Propheten und der Heiligen gleichermaßen nahe.

Seinen größten Ruhm aber erlangte das Katharinenkloster, seit 2002 Teil des UNESCO-Welterbes, in seiner Funktion als getreuer Bibliothekar der Menschheit. Nur übertroffen von der Vatikanischen Bibliothek in Rom beherbergt das Kloster eine Handschriftensammlung von etwa 3300 Kodices und mehr als 1700 Schriftrollen in zwölf Sprachen, die bis ins zweite nachchristliche Jahrhundert zurückreichen. Als Sensation gilt der Fund des *Codex Sinaiticus*, einer fast kompletten Bibelhandschrift aus dem 4. Jahrhundert. Man kann es als Fügung begreifen, dass der sächsische Theologe Constantin von Tischendorf anno 1844 die Bedeutung der teilweise bereits aussortierten Pergamentblätter erkannte und so den Kodex für die Nachwelt bewahrte. An Kritik über den rustikalen und oftmals allzu sorglosen Umgang mit dem kulturellen Erbe hat es nicht gefehlt. Vergleicht man aber das Schicksal einstmals so berühmter Klosterbibliotheken wie Monte Cassino, Fulda oder Corvey und denkt man an die Verluste, die durch die Säkularisation entstanden, wird die Leistung der Mönche vom Katharinenkloster in den fünfzehn Jahrhunderten seiner Existenz erst wirklich erkennbar.

Und auch das kam mir Schritt für Schritt in den Sinn: Wenn es einen nicht verdross, so viel Schweiß und Strapazen auf sich zu nehmen, damit nur der Leib dem Himmel etwas näher wäre, welches Kreuz, welcher Kerker, welche Folter dürfte dann die Seele erschrecken, die sich Gott nähert und dabei den aufgeblasenen Gipfel der Überheblichkeit und die Geschicke der Sterblichen mit Füßen tritt?
Francesco Petrarca

Ol Doinyo Lengai

Der Gottesberg der Massai

Der Berg, in der Sprache der Massai »Gottesberg« genannt, liegt im Norden Tansanias am Natronsee, einen Tagesmarsch entfernt von Ngorongoro-Krater und Serengeti. Die gewaltige Pyramide ist gezeichnet von den Ausbrüchen der Vergangenheit, ihre Flanken wirken zerklüftet. Ein Blick in den ewig brodelnden Krater, umgeben vom Rauch, der aus seinem Inneren aufsteigt, lässt die Macht der Götter lebendig werden.

Gipfelkrater am Ol Doinyo Lengai

Massai-Prozession am Heiligen Berg

Anfang Oktober 1997, an einem Sonntagmorgen, stehe ich am Gipfel des knapp 3000 Meter hohen Ol Doinyo Lengai. Unter mir das Rift-Valley, der Äquator, Afrika. In unmittelbarer Nähe sehe ich zwei völlig verschiedene Welten: in südlicher Richtung eine Grünfläche mit Gras und Sträuchern, eingefasst von einem ellipsenförmigen Kraterrand. Auf der anderen Seite, im Norden des Sandsteingipfels, der wie eine Messerspitze zwischen die beiden Welten geschoben scheint, liegt, kreisrund, ein bis oben hin gefüllter Vulkankrater: wie eine Mondlandschaft aus weißgrauen Gesteinsmassen. Auf der einen Seite sind Vögel, Springböcke und Stachelschweine zu sehen. Neugierig beäugen sie mich, diese arglosen Tiere in einem Paradies unter dem azurblauen Himmel. Sie laufen auch nicht davon, als ich mich bewege. Als gehörten sie, wie jede Art von Leben, hierher. Ganz selbstverständlich. Im Krater auf der anderen Seite des Gipfels stehen ein Dutzend kleinere Vulkankegel – unregelmäßig angeordnet und verschieden hoch, erheben sie sich in einer Mini-Welt aus Schlamm und Gestein. Sie rauchen und spucken und pusten. Als ob der Anfang vom Ende der

Baobab-Baum im Land
der Massai

Welt bevorstünde. Die extremen Gegensätze – hier lebendige, dort tote Materie – suggerieren viele weitere Vergleiche: Erde und Mond, Himmel und Hölle, Wasser und Feuer, Gestern und Heute, Leben und Tod, Anfang und Ende. Weit hinter diesen kalbenden Lavafelsen und den spärlich begrünten Kraterrändern des Ol Doinyo Lengai, tief unter den steil abfallenden und düsteren Kegelhängen, breitet sich das Land der Massai aus: weite Täler, Hochflächen, langgezogene Bergrücken.

Ich stehe auf einem heiligen Berg und frage mich, warum er im Leben der Menschen vor Ort eine solch zentrale Rolle spielt. Sicher nicht nur, weil er sich so ebenmäßig über ihnen erhebt. Anlass zur »Heiligsprechung« des Berges mag seine vulkanische Natur gegeben haben, Symbol für die zwiespältige Wesensart des Gottes Engai, der den Menschen zwar mit Feuer und Rauch erschreckt, ihm aber mit dem Regen auch Segen bringt. Die Massai, die im offenen Land und in Sichtweite dieses Gipfels leben, wandern als Halbnomaden über die Ebene und um diesen Berg herum. Sie nennen ihn den »Berg Gottes«. Er ist ein aktiver Vulkan und seit jeher eine mächtige Orientierungshilfe für die lokale Bevölkerung. Der große, dunkle Kegel ist von tiefen Runsen durchzogen, die sich wie Schluchten nach oben hin verjüngen und gefüllt sind mit schlüpfriger Asche. Der ganze Berg ist mit Staub bedeckt, der aus Gipfelnähe über die Hänge gespült wird. Nur das oberste Viertel erscheint glatt. Wenn dieser Vulkan ausbricht, wie zuletzt 2008, ist es, als würde die ganze Welt erzittern. Seine Kraft scheint er wie der Donner aus dem Himmel zu ziehen.

Der Gegensatz zwischen Nord- und Südkrater, auf dem wahrscheinlich die Vorstellung von der Heiligkeit des Berges beruht, muss den Massai seit langem bekannt sein. Sie betrachten diesen Doppelkrater am Gipfel als Wohnsitz von Engai, ihrem einzigen Gott. Durch ihn sollen die Menschen in Urzeiten als Regentropfen auf die Welt gekommen sein. In der Sprache der Massai ist »Engai« auch die Bezeichnung für Regen. Engai gilt als der Schöpfergott, der alles Leben, Menschen und Tiere, sowie den Regen erschaffen hat. Die Massai glauben, dass Engai sich auf den Berggipfel zurückgezogen hat, nachdem ein Jäger einen Pfeil auf ihn abgeschossen hat.

Doch obwohl er der Menschenwelt beleidigt den Rücken gekehrt hat – Dürre, Hunger und Tod zurücklassend –, bleibt seine universelle Gegenwart spürbar. Denn Engai erhört die Gebete der Menschen und schickt Regen und seinen Segen, um das Leid auf Erden zu lindern. Die Massai opfern ihm dafür Lämmer, die am Fuße seines Berges in einer eigenen Zeremonie geschlachtet werden. In der Hoffnung auf gesundes Vieh und viele Kinder, ihre größten Schätze.

Ganz oben, sagen die Massai und deuten mit dem Kopf auf den riesigen Vulkanke-

Gottesthron – der Kegel des Ol Doinyo Lengai

gel, dort lebt Gott auf seinem Berg. Engai hat alles geschaffen: die Savannen, die Herden, auch uns, die Menschen, die die Herden bewachen. Wenn der Vulkan ausbricht, wiederhole sich gleichsam der Schöpfungsprozess. Auf verheertem Boden entstehe und gedeihe Neues.

Auf der anderen Seite des Berges leben die Sonjos. Die symmetrische Silhouette des Vulkans sieht man auch von ihren Dörfern aus. Sie verehren denselben Berg wie die Massai, nennen ihn aber *Mongongo yo Mugwe*. Was in ihrer Sprache wieder »Berg Gottes« heißt. Im Gegensatz zu den Massai betreiben sie Ackerbau und sprechen Bantu. Wenn der Berg explodiert, reißt er die ganze Welt in den Abgrund, glauben sie. Im Unterschied zu den Massai, die einen Weltuntergang nicht kennen, denken die Sonjos dabei an ein Weltende. Ähnlich wie die Massai aber glauben sie, dass eine Gottheit – in ihrem Fall ein Sonnengott – auf dem Gipfel des heiligen Berges für ihr Wohlergehen sorgt. Mit dem Weltende werden alle Menschen vernichtet, nur diejenigen unter ihnen nicht, die im Glauben beharrlich geblieben sind. Sie sollen gerettet werden. Ob diese Bilder allerdings aus ihrer Mythologie überliefert sind oder von späteren Einflüssen durch die Bibel gespeist werden, lasse ich offen. Auch die Massai-Haltung ihrem Lengai gegenüber scheint von Missionaren beeinflusst worden zu sein.

Obwohl sie erst vor ein paar Jahrhunderten aus dem Norden in den afrikanischen Graben gezogen sind, beten die Massai regelmäßig am Fuße des Ol Doinyo Lengai um Regen, Fruchtbarkeit und Leben. Sie leben heute zwischen Kilimandscharo und Serengeti, aufgeteilt auf ein halbes Dutzend Clans. Früher wären sie nicht hinauf bis zum Gipfel gestiegen, sagen sie, aber nach langen Trockenperioden, wenn das Vieh mager und krank wird, unternehmen sie nicht nur Bittprozessionen bis an den Fuß des Berges, um von Engai, ihrem Leben spendendem Gott, Regen zu erbitten, sie tun es höher oben. Jeder Clan nähert sich dabei von seiner Seite dem Berg, und für jedes Opferfest ist ein vorbestimmter Ort unter einem grünen Baum festgelegt. Seit Generationen ist das so. Frauen, die ohne Kinder geblieben sind, pilgern – in Singprozessionen und beschützt von einer Handvoll Männer – halbe Nächte lang und viele Choräle singend zum Berg. Sie bringen Ziegen als Opfergaben für Engai mit. Ein

Ritual, das sie wiederholen, wenn in einer Familie ein Kind geboren wurde. Ein symbolischer Dank, denn nur in ihren Kindern leben die Massai weiter. Auch alles andere, was die Massai neben Kindern, Vieh und Regen brauchen, wird am steil in den afrikanischen Himmel ragenden Berg erbeten. Und was sie morgen zu brauchen glauben – moderne Technik, Wissen, Autos – werden sie diesem ihrem Gott am heiligen Berg ebenfalls abfordern. Wenigstens so lange, wie sie an den Mythos eines Urvaters aus allen Zeiten Glauben schenken können.

Neben dem Lengai gibt es noch andere heilige Orte im Land der Massai: Unter Baobab-Bäumen finden sich Tanzplätze jener Götter, die Krankheiten wegnehmen; in Höhlen wohnen Orakelgötter, die Auswege wissen aus Not und Angst; für die Alten, die häufig darunter leiden, den privilegierten Status des Kriegers aufgeben zu müssen, ist der Götterberg Ol Doe Malasin da. In einer Gesellschaft, die klar nach Lebensphasen strukturiert ist, werden auch die religiösen Riten gemäß des jeweiligen Alters befolgt. Im christlichen Sinne beten tun die Massai nicht. Gleichwohl betreten sie das engere Gebiet um den Ol Doinyo Lengai aber nur aus religiösen Gründen. Wenn der Regen lange Zeit ausbleibt und das Vieh zu verhungern oder zu verdursten droht, treibt man einen Teil der Herde in die höheren Regionen des Berges hinauf und lässt sie dort ohne die Hirten zurück. Kommen sie am anderen Morgen nicht wieder, bleiben die Tiere also verschwunden, glauben die Massai, Gott habe sie als Opfer genommen. Für Regen und Fruchtbarkeit. Von Zeit zu Zeit ersteigen einzelne Männer eines Stammes den Vulkan. In geheimnisvoller Mission, um Engai anzurufen oder seinen Rat zu erfragen. Wenn sie sonst Probleme haben, gehen sie zum *Laibon*, einem Mann mit prophetischer Gabe, einem Schamanen, der Mittler sein soll zwischen Gott

Ein eigentümlicher Zug der Massai ist ihre Frömmigkeit und das feste Vertrauen, welches sie Engai, dem Überirdischen, entgegenbringen. Er hat seinen Sitz in der Höhe, im Himmel, er wird stehend mit erhobenen Händen, in welchen man Grasbüschel hält, und mit dem Ruf »Ngai-eh« verehrt. Vor jedem Kriegszug sowie überhaupt in allen Lebenslagen kann man die Massai derart beten sehen.

Oscar Baumann

und den Menschen. Alle, die zu ihm kommen, müssen dabei eine schwarze Kuh ohne Flecken oder ein schwarzes Schaf als Opfer bringen, die er dann schlachtet. Der *Laibon* ist reich und hoch angesehen.

Anders als die Massai, die nur aus religiösen Gründen oder des Geldes wegen in die sakralen Höhen des großen Berges aufsteigen, beginnen wir unseren Aufstieg als neugierige Touristen. Zweckfrei und mitten in der Nacht. Wegen der Dunkelheit sind lokale Begleiter als Träger und Führer engagiert. Im Schein der Stirnlampe stolpere ich über Gräben, finde

Köchelnder Soda-
schlamm im Krater

Viehsteige im hohen Gras, höher oben Steigspuren von Menschen. Es geht immer steiler nach oben, über abschüssige Hänge. Später sind glatte Felsplatten zu überwinden. Alles ist bedeckt von Asche, immer wieder rutschen wir aus. Mal aufrecht, bald auf allen vieren geht es im Gänsemarsch Richtung Kraterrand empor. Als die Sonne aufgeht, stehen wir am letzten Aufschwung, ich atme tief durch. Was für ein Moment: der Himmel über uns lichtdurchflutet, der Berg als Schattenkeil unter uns. Und dieses Farbenspiel! Die Ebene tief unten ein Spektrum von Gelb bis Violett. Endlich ganz oben, sehe ich mich plötzlich wie auf den Mond versetzt. Als wäre ich aus Himmelsnähe in Todesnähe geworfen. Vor uns liegt, wie der Weltuntergang, ein Schlund, ein kreisrunder Krater, in dem es kocht. Alles aschegrau und totentuchweiß, der Kraterboden von einer furchigen Gesteinskruste bedeckt. Keinerlei Anzeichen von Leben. Zwischendurch ein Blubbern, sonst ist es still. Als ob die Unterwelt nur darauf warte, ihren Schlund zu öffnen. Vorboten einer vergehenden oder einer entstehenden Welt?

Von höher oben – von einem Gratkamm zwischen den beiden Kratern aus – erkennen wir die ineinanderfließenden Ströme aus dem Erdinneren. Eine einzigartige Welt. Da fließen stahlblaue Bächlein zwischen ockerfarbenen Aschekegeln, als entstünde ein modernes Bild; von Algen gefärbtes Wasser in vielen Schattierungen, von Purpur bis Pink, von Türkis bis Violett; dazwischen weiß leuchtende Wirbel, wie Galaxien; Soda, das von heißen Quellen in Stößen an die Oberfläche des halbfesten Sees gespült wird. Wir starren in die schwarzen und blauen Becken eines Natronsees. Hier sind Anfang und Ende der Welt zu greifen. Wohl auch deshalb steigen die Massai bis hier herauf. Nicht nur, um Engai Opfer darzubringen. Manchmal schlafen die Pilger auch am Rand des Kraters, und wenn sie am Morgen aufwachen, sind sie mit weißem Staub bedeckt. Als sei Engai während des Schlafs über sie hinweggegangen.

Auf keinem anderen Berg drängt sich die Frage nach der Entstehung der Erde auf wie am Gipfel des Ol Doinyo Lengai: Zwischen Süd- und Nordkrater – hier die Ursuppe, dort das Leben – hat der Mensch wohl sehr früh schon Antworten gefunden auf die Frage nach dem Woher und Wo-

Der Berg als Orientierungspunkt einer Kultur

hin. Wie die Höhle, der Baum, die Quelle hat der Berg die Menschen so dazu inspiriert, sich in seiner Welt zu verorten. Immer wieder. Der Berg war nicht nur Orientierungshilfe vor Ort, er war Verbindung vom Unten zum Oben, vom Diesseits zum Jenseits. Und von jeher begegneten ihm die Menschen mit Respekt. Vielleicht hat diese Demut den Berg erst zu einem heiligen Berg gemacht. Diesen und nur diesen. Der Mensch umkreiste die Berge und entwickelte so die Vorstellung von einer Mitte, von Nähe und Ferne, von Schwerkraft. Vielleicht ist damit jene Beziehung zum Jenseitigen, Göttlichen suggeriert worden, die wir heute Religion nennen. Zwischen Erde und Himmel, Schutz und Bedrohung, zwischen unserem Dasein und dem Unfassbaren, dem Jenseitigen stand der Berg, scheinbar unverändert in Zeit und Raum.

Es ist eine faszinierende Vorstellung, dass eine menschliche Gemeinschaft wie die Massai – ohne wissenschaftliches Instrumentarium, ohne die geringste Ahnung von der Entstehung der Erde – einen Mythos schaffen konnte von Werden und Untergang, weil ein lebendiger Vulkan Anfang und Ende der Welt suggerierte. Im Raum-Zeit-Gefühl mag der Ol Doinyo Lengai auch für Dauer und Ewigkeit stehen, aber es ist die dro-

hende apokalyptische Vorstellung, die ihn vielleicht erst zum Gottesberg gemacht hat. Bei den Massai heißt es: »Eines Tages werden zwei Sonnen aufsteigen, eine im Osten, eine im Westen, und sich über dem Gipfel vereinen. Dann ist das Ende der Welt gekommen: Erde, Pflanzen, Tiere und Menschen werden zu Staub zerfallen.«

Massai am Gipfel

Wenn Massai-Krieger heute auf ihren Götterberg steigen, tun sie es nicht, um zu beten oder der Aussicht wegen, sie tun es, um Geld zu verdienen. Sie begleiten Touristen und Wissenschaftler, denen sie den Weg durch die steilen Grasflächen und losen Schutthalden zeigen. Bis zum Kraterrand. Sie schleppen deren Gepäck und erzählen von ihrem Gott. Die Hitze macht ihnen nicht viel aus und sie sind geschickt. Lässt sie die Angst vor Engai zittern? Ist eine Nacht am Kraterrand wie eine Art Hölle für sie? Nein, ich habe sie dort selbstvergessen und übermütig erlebt. Obwohl es da auch die Legende gibt, der Gottesberg werde von einem Leoparden bewacht: Das Tier lauere Massai sowie Bergsteigern auf, rufe sie mit ihrem Namen und wer auf den Ruf antworte, werde gefressen. Ein Wächter, eine Mahnung, die Ruhe des Berges zu achten.

Nach einer Nacht im Kraterrand steigen wir wieder ab. Beim Blick nach Norden, zum Natronsee, der auch durch heiße Quellen mit Soda gespeist wird, erkennen wir weißliche Ränder. Wie die Rahmen einer geordneten Welt. Der See hat keinen Abfluss, und bei der großen Hitze verdunstet viel Wasser, Natron kristallisiert in großen weißen Schollen, die am Ufer stranden. Wieder drängt sich eine Ahnung vom Ende auf. Weiter draußen aber intensivstes Leben: Im dünnen Wasser rote Algen, sie bilden die Nahrungsgrundlage der Flamingos und die ätzende Sodalauge schützt die Brut der Vögel vor Verfolgern, ein Wunder des Überlebens.

Mehr als der Blick von oben, haben im Laufe der Jahrtausende wohl die Erfahrungen unten zum Mythos Ol Doinyo Lengai beigetragen: Seine zahlreichen Ausbrüche – explosives Getöse, rauchender Auswurf und Lavaflüsse an seinen Hängen –, die es immer wieder gegeben hat, müssen Angst und Schrecken unter den Menschen vor Ort verbreitet haben. Die Ausbrüche haben verhindert, dass an den Berghängen Wald wächst. Andere Berge wirken im Vergleich zum heiligen Berg klein, sie schrumpfen, der Lengai strebt mit klaren Linien himmelwärts, er wächst. Wenn der Gipfel in Wolken steckt, sieht es aus, als ob er ins Jenseits rage.
Trotzdem, die Frage bleibt offen: Warum dieser Berg? Nicht der Meru, ein ruhender Vulkan, den die Massai wiederholt ausbrechen sahen? Weshalb nicht der höhere Kibo mit seiner Gletscherhaube? Sowohl den Kibo als auch den Mount Kenya betrachten die Massai mit Ehrfurcht, heilig aber ist ihnen Ol Doinyo Lengai. Nur er wird als Heimstätte Gottes angesehen. Nicht nur wegen des Anblickes von unten, des Ausblickes vom Gipfel, der Gegensätze zwischen der Mondlandschaft und Lebensintensität. Allerorten Kontraste also von Tod und Fruchtbarkeit. Diese Gegensätze mögen jene mythologische Deutung heraufbeschworen haben, die unter den Massai noch heute als Teil ihrer Stammesgeschichte erzählt wird. Mythen wachsen wie Berge, wenn Antworten suggeriert, aber nicht gegeben werden.

Lehmhütten am Fuße des Vulkans

Uns gegenüber ragte der Götterberg der Massai als vollendet schöner Spitzberg in ungebrochenem Schwung seiner Hänge frei aus der Tiefe des Natronseevorlandes bis fast dreitausend Meter Höhe empor. Eins der Naturwunder dieser Gegend, eine der rätselvollsten Gestalten dieses an Ungewöhnlichem so reichen Landes, eins der ersehntesten und sicher auch am schwersten zu erreichenden Ziele meiner Reise. Es war der einzige noch tätige Feuerberg in der Vulkanlandschaft Ostafrikas. Würde es überhaupt möglich sein, den Gipfel dieses stolzen, von einem Gewirr tiefer Schluchten beschützten, von den Eingeborenen gefürchteten Berges zu bezwingen?
Hans Reck

Erste Aufnahme des Berges, 1884

Die Reise zu den Schneebergen

Am Anfang stand ein Irrtum. 1856 erschien in *Petermanns geographischen Mitteilungen* eine nach den Angaben von zwei deutschen Missionaren entworfene »Skizze einer Karte eines Theils von Ost- und Central-Afrika, gestützt auf die Angaben von zahlreichen Eingebornen und muhamedanischen Reisenden«. Auf dieser Karte waren nicht nur die Umrisse eines riesigen Sees zu erkennen, der sich im Innern Afrikas befinden sollte, sondern auch – direkt unter dem Äquator – drei »Schneeberge«: der Kilimandscharo, der Mount Kenya und weiter westlich gelegen, ein Berg namens »Doengo Engai«.

Jakob Erhardt (1823–1901) und Johannes Rebmann (1820–1876), sowie ihr Mitbruder Johann Ludwig Krapf (1810–1881), die Urheber der Karte, hatten um diese Zeit bereits für eine Sensation gesorgt. Von ihrer 1847 gegründeten Missionsstation in der Nähe der ostafrikanischen Küstenstadt Mombasa hatten sie auf mehreren, höchst anstrengenden Reisen das noch völlig unbekannte Landesinnere erkundet: »Nicht mit Entdeckergelüsten, sondern einzig mit dem Drange, in das tiefe Seelendunkel der stumpfen Heiden das christliche Licht zu setzen.«

Von diesem Vorhaben ließen sie sich auch nicht dadurch abbringen, dass die Eingeborenen – »die verfinsterten und fleischlichen Leute« – mit völligem Unverständnis auf die Dreieinigkeit, den Sündenfall und

Blick vom Ruwenzori
auf den Kilimandscharo

die Erlösung durch den Kreuzestod Christi reagierten und, wie Krapf enttäuscht resümier, »taub gegen alle unsere Bestrebungen blieben«. Als Quelle der Hoffnung diente die Bibel. Dort stand geschrieben, dass »Mohrenland seine Hände ausstrecken wird zu Gott« (*Psalm* 68, 31) und für diese Stunde musste man Vorsorge treffen. Sie bestand in einer Kette von hundert Missionshäusern quer durch den Kontinent von Mombasa bis Gabun. Sie mussten nur noch gebaut und die Verbindungswege erkundet werden, was aber nicht schwierig sei, »denn Gott hat die Gestalt der Länder so gebildet, dass sie zur Ausführung seiner erhabenen Absichten bei der Aufrichtung seines Reiches auf Erden auf eine schnelle Weise dienen muss«.

Als Erster machte sich Rebmann auf den Weg; am 11. Mai 1848 sichtete er einen riesigen, mit einer weißen Haube gekrönten Berg, den Kilimandscharo (5895m). »Es wurde mir ebenso klar als gewiss«, schrieb er später, »dass das Weiße nichts anderes sein könne als Schnee.« Der von der Küste stammende Führer glaubte es nicht, da in Mombasa Geschichten von einem Silberberg kursierten. Doch als er Leute hinaufschickte, die ihm eine Probe bringen sollten, kamen sie mit Wasser zurück. Auf einer zweiten Reise, die ihn 1849 noch näher an den *Kibo*, wie ihn die dort ansässigen Dschagga nannten, heranführte, konnte Rebmann »sein herrliches Schneehaupt sogar bei Nacht im Mondschein ganz deutlich sehen«.

Als Zweiter brach Krapf in die Region des Kilimandscharo auf und erblickte ihn am 10. und 16. November 1849: »Sogar in dieser weiten Entfernung konnte ich wahrnehmen, daß die transparente weiße Materie, die ich auf dem domartigen Gipfel sah, Schnee sein müsse.« Am 26. November erfuhr er vom Dschagga-Häuptling Kiwoi, dass ein weiterer »Schneeberg« existiere, der »Kegnia«. Den sichtete Krapf allerdings erst am 3. Dezember sowie auf einer weiteren Reise am 5. August 1851. Der heute »Mount Kenya« (5199m) genannte Berg erschien Krapf »wie eine ungeheure Mauer, auf dessen Spitze ich zwei große Thürme oder Hörner erblickte«. Auch dieser trage Schnee, und die Eingeborenen berichteten ihm, dass der weiße Stoff mit großem Geräusch den Berg herunterrolle und dass es oben so kalt sei, dass Menschen sich Erfrierungen zugezogen hätten. Bei den Massai, von deren Existenz Europa zum ersten Mal durch Krapf erfuhr, heiße dieser Berg *Orldoinio eibor* (»Schneeberg«), weiß der Missionar zu berichten und auch, dass es noch

Mount Kenya

einen weiteren Berg gebe, der genauso heiße und der Sitz ihres Gottes sei. »Dieses höchste Wesen (Engai) wohnt auf dem weißen Berg, woher das Wasser und der Regen kommt, der für ihre Wiesen und Kuhherden so unentbehrlich ist.« Johann Ludwig Krapf und seine Mitbrüder Rebmann und Erhardt folgerten aus dieser Benennung als »weißer Berg« fälschlicherweise, dass auch dieser Gipfel eine Schneehaube trage – »der Kilimandscharo und Doino Engai, welche Schnee haben« – und zeichneten ihn als dritten »Schneeberg« auf ihrer Karte ein.

Insbesondere der Geograph William D. Cooley (1795 – 1883), ehrenwertes Mitglied der Royal Geographical Society und exzellenter Kenner afrikanischer Reiseberichte, der aber niemals die britischen Inseln verlassen hatte, überzog die Missionare daraufhin mit Hohn und Spott. Dem bekanntermaßen kurzsichtigen Rebmann habe offenbar seine überbordende Einbildungskraft einen Streich gespielt, Krapf wiederum könne keine Entfernungen bestimmen, weder genaue geographische Koordinaten mitteilen, noch habe er eine Höhenmessung vorgenommen. Die vermeintlichen Gletscher oder Schneeberge unter der heißen Sonne des Äquators seien bloße Phantasie.

Es gab allerdings einen Mann, den die Entdeckungen der Missionare sofort elektrisierten: Richard Francis Burton (1821 – 1890), Ex-Haupt-

Die erste Karte mit den »Schneebergen« Ostafrikas, *Petermanns Mitteilungen* (1856)

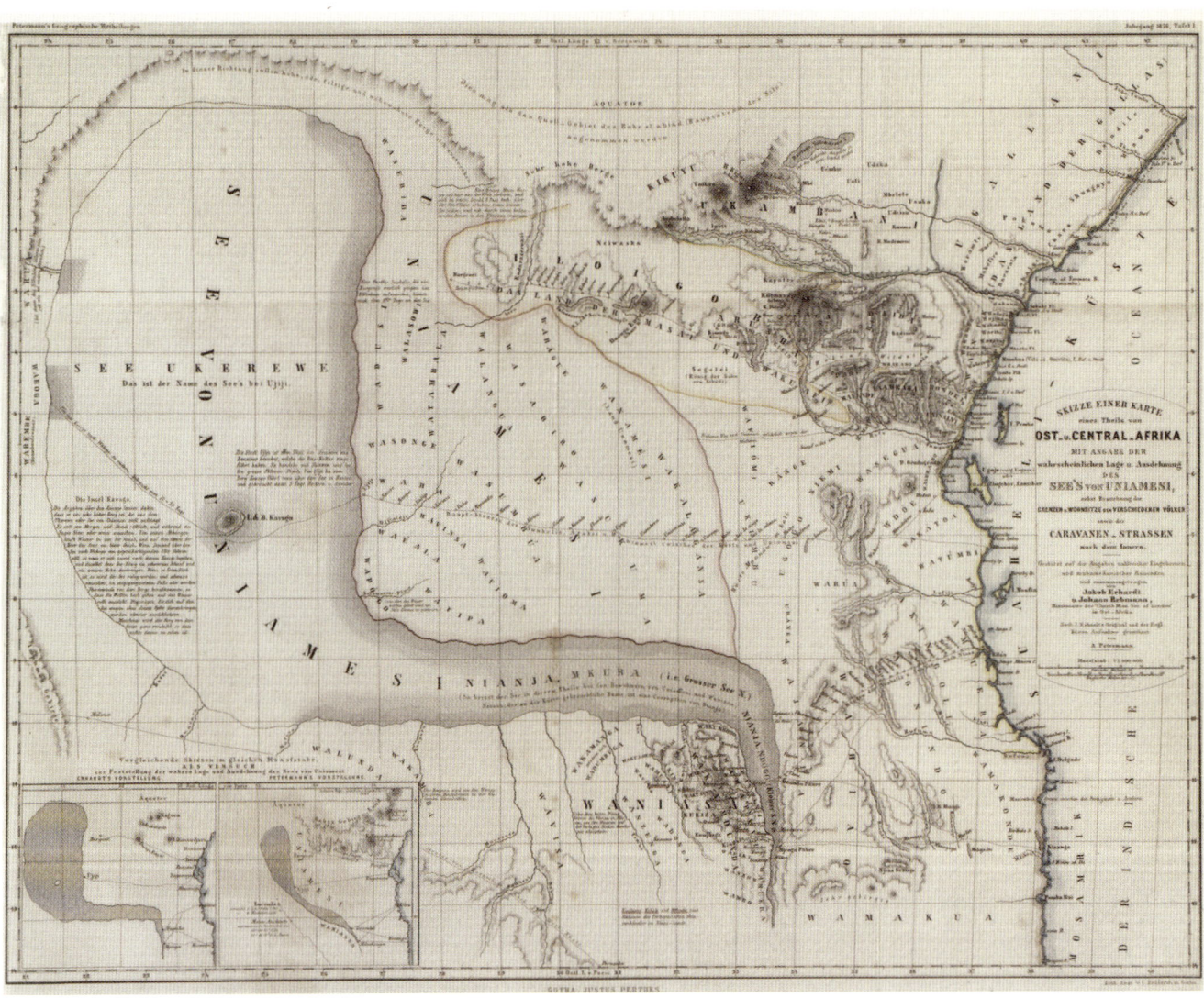

mann der anglo-indischen Armee und berühmt dafür, dass es ihm als Erstem gelang, die für Christen verbotene heilige Stadt Mekka zu besuchen – getarnt als muslimischer Pilger. Jetzt plante er, ein Rätsel zu lösen, das die wissenschaftliche Welt seit der Antike beschäftigte: das um den Ursprung des Nils. Hatte nicht schon Claudius Ptolemäus, der bedeutendste Geograph der Antike, afrikanische »Mondberge« (*Lunae montes*) auf seinen Karten eingetragen und an ihrem Fuße Seen, aus denen die Wasser des Nils sich speisten? Waren die Missionare auf diese Mondberge gestoßen? Burton, der Krapf im November 1853 in Kairo traf, war davon überzeugt. Es ist der Auftakt einer großangelegten und letztlich erfolgreichen Suche.

Die Argumente des »Stubengelehrten« Cooley wurden hinweggefegt, als 1861 der Afrikaforscher Carl Claus von der Decken (1833 – 1865) zusammen mit dem britischen Geologen Richard Thornton (1838 – 1863) zum Kilimandscharo aufbrach. Instruiert von Rebmann, erreichte die Expedition am 14. Juli ihr Ziel. »So hoch wie vier Vollmonde übereinander ragt der Riesenberg empor, einem mächtigen Dome gleich, bedeckt von blendend weißem Schnee, welcher den hellen Sonnenschein noch heller zurückstrahlt«, schrieb von der Decken über seine Eindrücke. Ein Besteigungsversuch auf einer zweiten Reise 1862 endete in der Höhe von 4280 Metern, 600 bis 900 Meter unterhalb der Schneegrenze, die aber deutlich zu erkennen war. Die von Thornton vorgenommenen trigonometrischen Messungen und die Berechnungen der exakten geographischen Lage des Berges beseitigten jeglichen Zweifel und gaben den Missionaren recht, die so schlecht übrigens nicht geschätzt hatten. Die Position des Berges musste nur um einen Grad nach Osten verschoben werden. Von der Deckens Karte bildete die Topographie von der Küste bis zum Berg erstmals wissenschaftlich gesichert ab. Dem »Gottesberg« näher zu kommen gelang dem Forscher jedoch nicht, da ihm die Massai den Zutritt verweigerten.

Der erste Europäer, dem das dank großen diplomatischen Geschicks gelang, war Gustav Adolf Fischer (1848 – 1886), von Beruf Arzt. Der »große *Laibon*« (Zauberer), wie er von den Massai genannt wurde, war mit seiner Brille und seinen schweren Schuhen, die man zunächst für

Eselsfüße hielt, eine echte Attraktion in der Steppe. Fischer ertrug es, von Kriegern, Weibern und Kindern befühlt oder sanft mit Keulen abgeklopft zu werden, weil man sich aus Furcht vor Zauberei scheute, den weißen Mann direkt zu berühren. Er zahlte ordentlich Tribut an jeden, der ihn forderte, und wenn es zu gewalttätigen Auseinandersetzungen kam, entrichtete er den von den Massai geforderten Preis: anderthalb Last Eisendraht, fünfzig Ringe Messingdraht, sechshundert Stränge Perlen und vierzehn Kriegsmäntel – »bei deren Vertheilung unter den jungen Kriegern eine regelrechte Prügelei entstand« – für zwei tote Krieger. Großzügig kaufte er ihnen Ochsen ab und bewegte sich durchs Land wie ein Kaufmann, der seine Ware kostenlos verteilt. In seinem Lager war ein ständiges Kommen und Gehen, jeder Besucher erhielt ein Geschenk und am Ende erfuhr er so viel von der Lebensweise dieses Kriegervolkes, dass er die erste Darstellung über die Massai verfasste.

Den großen ostafrikanischen Grabenbruch entlangziehend, entdeckte er den Salzsee von Magad (Großer Natronsee) mit seiner Flamingopopulation, »der an manchen Stellen so heiß war, dass den Trägern die Füße schmerzten und das Thermometer eine Temperatur von 50 Grad zeigte«. Unweit im Süden lag der Ol Doinyo Lengai. An seiner Pyramidengestalt und an dem Krater auf der Nordseite erkannte Fischer sofort, dass es sich um einen Vulkan handelte. Dass er noch aktiv war, zeigte das Fehlen jeglicher Vegetation in seiner Umgebung und an seinen Flanken. Tatsächlich war er ein Jahr zuvor mit einem Getöse ausgebrochen, das die Moslems in seiner Karawane als Kanonendonner charakterisierten, die Massai als Rindergebrüll. Fischer gab die Höhe des Berges mit etwa 1800 Metern viel zu niedrig an. In Wirklichkeit ist der Ol Doniyo Lengai ein knapper Dreitausender (2960 m) und um seinen Gipfel zu erreichen, muss man zweitausend und nicht eintausend Höhenmeter überwinden. Statt Schnee und Eis sah Fischer »vom Krater ausgehende schmälere und breitere grauweiße Streifen herabziehen, die sich schon von weitem in der Sonne von der sonst dunkel-braunschwarzen Färbung des Berges abheben«. Für ihn allerdings kein Grund, sich deswegen auf den Gipfel zu bemühen.

71 Johann Ludwig Krapf

Während die Erstbesteigung des Kilimandscharo-Massivs nicht mehr lange auf sich warten ließ – dem Deutschen Hans Meyer (1858–1929) und Ludwig Purtscheller (1849–1900) aus Österreich gelang sie am 6. Oktober 1889 – und seine höchste Erhebung, der Kibo, bald darauf in Kaiser-Wilhelm-Spitze umbenannt wurde, weil er in der 1891 gegründeten Kolonie Deutsch-Ostafrika aufragte und damit als höchster Berg des Deutschen Reiches galt, dauerte es noch fünfzehn weitere Jahre, bis jemand auf dem Gipfel des »Gottesbergs« stand. Es war der Chef des meteorologischen Dienstes in Deutsch-Ostafrika und spätere Geographieprofessor Carl Uhlig (1872–1938), der nach einer erfolgreichen Kibo-Besteigung eine kleine Gruppe zum Ol Doinyo Lengai führte. 250 Höhenmeter unterhalb des Gipfels musste er aufgeben, er hatte die Schwierigkeiten unterschätzt. Immerhin schaffte es Uhligs Begleiter Fritz Jaeger (1881–1966) bis zum Kraterrand.

1910 unternahm Uhlig zusammen mit einem Geologen einen zweiten Versuch. Diesmal war die Schinderei von Erfolg gekrönt. Durch »filzartiges dichtes übermannshohes Buschwerk« kämpften sie sich bei brütender Hitze empor. Der Berg entpuppte sich als eine Aufschichtung verbackener und poröser Asche, »ein zweitausend Meter hoher gewaltiger Tuffkegel«. Beim Aufstieg fanden sie »vom Bergfuß an kein einziges auch nur faustgroßes Stück festes Gestein«. Fünf Stunden blieben sie auf dem Gipfelplateau. Der ursprüngliche Krater von neunhundert Meter Durchmesser war längst in zwei Teile zerborsten, nur der Nordkrater zeigte noch Aktivität. Aus ihm stieg schnell fließende schwarze Lava empor – Sodaschlamm, der unter Lufteinfluss weiß wird, die Flanken des Ber-

Der Missionar Johann Ludwig Krapf (oben) und der Afrikaforscher Claus Uhlig (unten)

Übergang vom Nord-
zum Südkrater

ges herabläuft und dort zu einem mineralischen Pulver zerfällt, das »leicht eine Schneehaube vortäuschen kann«, wie Uhlig feststellte.

Fortan pilgerten die Vulkanologen zum Ol Doinyo Lengai. Als Erster 1913 Hans Reck (1886–1937), der die Besonderheit dieses Berges in einer Monographie würdigte und nebenan, in der dadurch berühmten Schlucht von Olduvai – »der Wiege der Menschheit« –, das Skelett eines 20 000 Jahre alten Homo sapiens ausgrub. Der »Gottesberg« produziert die kälteste Lava aller Vulkane weltweit – nur 510 Grad statt normalerweise 1000 Grad – und die einzige, die vorwiegend aus Natriumkarbonat besteht. Er ist gefährlich, weil jederzeit ausbruchsbereit; tückisch, weil scheinbar feste, erkaltete Flächen plötzlich nachgeben und schwere Brandverletzungen hervorrufen können; und er ist faszinierend, weil er der einzige noch aktive Vulkan des ostafrikanischen Grabens ist.

Während in normalen Jahren die Lava den Nordkrater allmählich anfüllt, dann an den Rändern überfließt oder sich bis zu 25 Meter hohe Schlammtürme (Hornitos) bilden, kommt es in Abständen von zehn bis zwanzig Jahren zu mächtigen Ascheeruptionen. Beim letzten Ausbruch, 2008, stiegen Ascheteilchen fünfzehn Kilometer hoch und rieselten im

Umkreis von Hunderten von Kilometern nieder. Dann leiden alle: die Menschen durch den natürlichen Smog, der Augen und Atemwege reizt, das Vieh durch die verbrannten Weiden, beide durch das ungenießbare, oft vergiftete Wasser.

Vulkane sind besondere Berge. Dass sie unmittelbar mit dem Göttlichen in Verbindung gebracht werden, erzählt uns bereits die Bibel beim Auszug der Kinder Israel aus Ägypten: »Der ganze Berg aber rauchte, darum dass der Herr herab auf den Berg fuhr mit Feuer; und sein Rauch ging auf wie ein Rauch vom Ofen, dass der ganze Berg sehr bebte.« (2. *Mose*, 19, 18) Die Massai, die im 15. Jahrhundert von Norden her, aus Äthiopien oder dem Sudan, in die Grassteppen Ostafrikas einwanderten, müssen den Ol Doinyo Lengai genauso empfunden haben. Im Gegensatz zu den längst erloschenen Vulkanen Kilimandscharo und Mount Kenya manifestiert sich in den von Feuer, Donner und Blitz begleiteten Ausbrüchen des Lengai die aktive Gegenwart eines Gottes; und da die Massai, anders als die Nachbarstämme, nur einen einzigen Gott, Engai, verehren, kann es nur dieser sein, der aus dem Berg zu ihnen spricht. Zudem markierte der Vulkan als Zentralberg die Mitte ihres Siedlungsgebiets, das einst vom Turkanasee im Norden bis zur Massai-Steppe im Süden reichte.

Dass die als halbnomadische Viehzüchter lebenden Massai sich gegen sämtliche konkurrierende Stämme durchsetzen konnten, verdankten sie nicht nur ihrer Größe, mit der sie die anderen um Haupteslänge überragten, auch nicht allein ihrer berühmten Kampfkraft und Organisation, die sie zu gefürchteten Gegnern machte, sondern Engai. Er wollte es so. Die ersten zwei Menschenpaare, die er auf die Erde sandte, waren Massai und Sonne, Mond und Sterne hatte er deswegen geschaffen, um sein Volk bei Tag und Nacht beobachten zu können. Die Welt bestand, weil es die Massai gab. Deswegen gehörte im Prinzip alles ihnen, besonders aber das Vieh, Ziegen, Esel, speziell die Rinder. Sogar die Schafe, die sich Engai anfangs vorbehalten hatte, gab er ihnen. Wenn also die Massai anderen Stämmen ihr Vieh raubten, war das nur gerecht: Sie holten sich einfach ihren von Gott gegebenen Besitz zurück.

Verwundert es, dass sie sich allen überlegen fühlten? Mit Hochmut und Arroganz schauten sie auf diejenigen herab, die im Schweiße ihres Angesichts arbeiten mussten: Bauern, Töpfer, Schmiede und Jäger. Vor allem gegen den Ackerbau hegten sie eine große Abneigung, denn der Genuss von Getreideprodukten schwächte den Krieger, während Fleisch und Milch, Butter und Honig, aus dem sich auch ein hochprozentiges Bier brauen ließ, stark und tapfer machte. Solange sich die Bauern nicht in die von den Massai für ihr Vieh beanspruchten Ebenen wagten und auf den Bergen blieben, hatten sie nichts zu befürchten. Allerdings war es üblich, dass sie die Massai mit den notwendigen Gebrauchsgegenständen (Töpfe, Kalebassen, Metallarbeiten) belieferten – und kein Massai stellte seine Waffen selber her. Sowenig er auf die Idee kam, zu jagen. Wozu schließlich besaß er Rinder? Engai, davon waren die Massai überzeugt, wollte nicht, dass sie arbeiteten, denn er sorgte für sie. Es gab nur zwei eines Mannes würdige Tätigkeiten: Krieg und Rinderzucht. Alles andere überließ man den »Wilden«, wie die Massai verächtlich die anderen Stämme nannten; ebenso hatten sie für die ersten Europäer nur Spott übrig. Die wenigen, die sich auf ihr Gebiet wagten, galten schnell als »diejenigen, die ihre Fürze einsperren«. Denn anstatt Hosen wie die Weißen trugen die männlichen Massai nur einen kurzen Ledermantel, der den Schambereich freiließ.

Um sich die Gunst Engais zu sichern, brauchte es keine Tempel und Kirchen, keinen Gottesdienst, keine Idole und also auch keinen Priesterstand. Das Wort Engai bedeutet nicht nur Gott, sondern auch Regen. Er ließ das Gras sprießen, auf dass die Rinder fett wurden. Der Regen waren Engais Freudentränen, der Donner Engais Freudengeschrei, mit dem er Regen ankündigte. Präsentierte sich der Himmel danach wolkenlos, zeigte der Gott sich als guter Gott, als schwarzer Engai, der die Menschen und das Vieh liebte. Als roter Engai hingegen trug er sein anderes, sein böses Gesicht. Mit Blitzen versuchte er Mensch und Tier zu töten, brachte Verderben. Die Blitze schleuderte er nicht willkürlich herab, sie waren Zeichen seiner Empörung. Über die Gleichgültigkeit der Massai etwa, wenn das Vieh auf magerer Weide Hunger litt. Nötig war es dann, ihn zu besänftigen, ihm ein schwarzes Schaf zu opfern und Milch. Die Männer hefteten sich Gras an die Kleidung. Bitte um Schonung bedeutete das, eine Geste, die man auch im Krieg gebrauchte, wenn es nicht mehr möglich war zu fliehen. Ob der schwarze und der rote Engai zwei Götter waren oder nur einer, der sich in beiden Erscheinungsformen manifestierte, war eine Frage, die nur die Fremden interessierte. Für die Massai war Engai alles; ihm verdankte man Reichtum, Kindersegen und Kriegsglück, er strafte einen mit Krankheit, Unglück oder Armut. Gebete stimmten ihn milde, gleich bei Sonnenaufgang wurde er angerufen: »Lieber Gott, gib mir Frieden, lass Böses fern von mir sein, lass mich unter den Lebenden bleiben, gib uns Rinder, gib uns Kinder, gib uns Gesundheit.«[Man beachte die Reihenfolge, Anm. d. Verf.] Dem schloss sich das Milchopfer der Frauen beim morgendlichen Melken der ersten Kuh an. Kam es zu einem der gefürchteten großen Ausbrüche des »Gottesberges«, war es das Beste, das kosmische Wüten des Gottes einfach zu ertragen, die Gegend für eine Zeitlang zu verlassen und erst dann zurückzukehren, wenn der Zorn Engais verraucht war. Warum er sich entflammt hatte, erörterte man später.

Was ihr Auftreten angeht, wurden die Massai-Krieger oft mit den griechischen Spartiaten oder den Römern verglichen. Bei ihren Kriegszügen trugen sie ein togaähnliches rotes Tuch, das mit einem gleichfarbigen Streifen in der Taille zusammengehalten wurde. Ein Talismann in Form eines Rings aus Ziegen- oder Affenfell schmückte ihre Knöchel und ein Kranz von Straußenfedern ihren Kopf. Ihre Waffen bestanden aus einer Lanze mit breitem und langem Blatt, einem Kurzschwert und einer Keule, dazu zur Deckung ein Rundschild aus Büffelhaut mit einem Meter Durchmesser, das selbst dem Angriff eines Löwen standhielt.

Massaikrieger des 19. Jahrhunderts, Zeichnung von G. A. Fischer

Massai-Krieger.

Auf dem Schild war das Wappen des Kriegers angebracht, das Clanzuge-
hörigkeit und Altersklasse mitteilte. Bei ihren Kriegszügen legten sie
täglich sechzig bis achtzig Kilometer zurück und hielten dieses Tempo
mehrere Tage lang durch. Das war möglich, weil sie sich vorher in ein
nur für diesen Zweck errichtetes Waldlager zurückzogen, dort wochenlang Unmengen von Fleisch vertilgten und sozusagen »auf Vorrat«
aßen. Unterzucker bekämpfte man durch Wildhonig, der sich überall
fand. Den Erfolg des Feldzugs sicherte ein Gebet an Engai, das, ähnlich
dem Morgenappell moderner Heere, bei Sonnenaufgang gemeinsam
von allen Kriegern im Wechselgesang gesungen wurde:

Anführer: Lasst uns Gott sagen, er möge uns Rinder geben.
Alle: Er wird geben.
Anführer: Er möge uns Leben geben.
Alle: Er wird geben.
Anführer: Er möge uns aufwecken, wir sind vollzählig.
Alle: Er wird aufwecken.
Anführer: Gott möge uns geben, dass es gut gehe.
Alle: Er wird geben.
Anführer: Gott möge uns Beute geben.
Alle: Er wird geben.

Anschließend erfolgte der Überfall. Natürlich ohne Kriegserklärung, da
eine solche gleichberechtigte Kombattanten voraussetzt. Die Massai
griffen in Gruppen nach genauer Absprache an. Da man sich gut kann-
te, wusste man, welche Krieger in die vorderste Front gehörten und welche im Falle des Falles den Rückzug decken sollten. Wer von den Männern und Knaben des feindlichen Stammes nicht flüchtete – und das
waren die meisten –, wurde getötet, die zurückgebliebenen Frauen,
Mädchen und Kleinkinder verschleppt und zwangsintegriert. Wehrte
sich der afrikanische Gegner mit Giftpfeilen, zeugte das genauso von
Feigheit wie der Einsatz von Gewehren bei Arabern und Europäern. Ein
richtiger Mann kämpfte mit der blanken Waffe. Die christlichen Ritter
des Mittelalters hätten sich mit den Massai bestens verstanden.

Krieger zu sein war das Höchste. Jeder Massaiknabe wollte so schnell wie möglich einer werden. Aber um in diesen Stand einzutreten, musste er zuvor eine Prüfung bestehen: die Beschneidung. Engai hatte sie geboten, genau wie Jahwe, der Gott der Juden. Doch während Letzterer sie als Zeichen des Bundes vom männlichen Säugling forderte – »Und am achten Tage soll man das Fleisch seiner Vorhaut beschneiden« (3. *Mose*, 12, 11) –, markierte sie bei den Massai den Übergang ins Erwachsenenalter, sozusagen eine afrikanische Art der Konfirmation, die im Alter von zwölf bis sechzehn Jahren vollzogen wird. Die Zeremonie fand öffentlich statt. Dabei weder Tränen zu vergießen noch eine Miene zu verziehen war das Ideal. Dabei vor Schmerzen zu schreien bedeutete nicht nur, bei der Prüfung durchgefallen zu sein, sondern lud auch Schande auf die Eltern, die als Erzieher versagt hatten. Bei der Beschneidung wird die Vorhaut nicht vollständig abgetrennt, sondern nur eingeschnitten. Mit den Worten des deutschen Hauptmanns Moritz Merker (1867–1908), der sich als Standortkommandant von Moschi intensiv mit den Massai beschäftigte: »Cuti externa penis retracta et lamella interna praeputii proxima retro glandem cultro in circuitu secata, recumbit glans in tegmine elongato, quod supra inciditur, quo glans pervaderetur. Pellis quae hoc modo infra glandem longo dependet, dimidia pars aufertur residuaque intra XIV dies concrescit et post sanationem tamquam uvula apparet.«

Wer die Prozedur hinter sich gebracht hatte, feierte mehrere Monate ausgiebig im Kreis seiner Altersgenossen, danach folgte eine strenge zwei- bis dreijährige Ausbildung als künftiger Krieger, bis sich endlich, endlich die Pforten zum Paradies der Massai, dem Kriegerkraal, für ihn öffneten. Das von einer Dornenhecke umgebene Lager, an einem für die Verteidigung der Herden strategisch günstigem Ort erbaut, bot Raum für fünfzig bis hundert »Elmoran« genannte Krieger, deren Mütter und hundert bis zweihundert noch nicht geschlechtsreife Mädchen im Alter von etwa zwölf Jahren. Jeder Krieger verfügte über eine eigene Hütte mit einem großen Bett für sich und seine Freundinnen und einem kleinen Bett für seine Mutter. Alle Arbeiten, der Hüttenbau, das Melken des Viehs, die Reinigung des Kraals und das Wasserholen wurden von den

Frauen und Mädchen erledigt. Dem Krieger oblag das Hüten der Herde, ihr Schutz vor Feinden und wilden Tieren, die Verteidigung des Dorfes, das Waffentraining und die Teilnahme an Kriegszügen. Außerdem musste er sich um körperliche und soziale Attraktivität bemühen, Geschenke verteilen und durch tapfere Taten auf sich aufmerksam machen. Denn die Mädchen waren in der Wahl ihrer Partner, bis zu drei Liebhaber waren ihnen gestattet, vollkommen frei. Ebenso entschieden sie selbst, ob sie zu ihren, in der Regel zehn Jahre älteren Freunden, sexuelle Beziehungen aufnehmen wollten. Allerdings glaubten die Massai, dass sich die Brüste eines Mädchens erst dann entwickelten, wenn sie mit einem Mann geschlafen hatte. Um nicht schwanger zu werden, wurde nach der ersten Monatsblutung entweder Coitus interruptus oder völliger Verzicht praktiziert. Ein- bis zweimal im Monat unterbrachen »Waldmahlzeiten« von drei bis vier Tagen zur Stärkung der Krieger den normalen Ablauf. Zusammen mit den Mädchen zogen sich die Krieger in die Wildnis zurück, um Fleisch in großen Mengen, das mit vitaminhaltigen Heilkräutern zubereitet wurde, zu verzehren. Wurde das Leben im Kriegerkraal zu langweilig, plante man Raubzüge zum Erbeuten von Rindern. Europäische Beobachter, erzogen im Geiste der protestantischen Arbeitsethik, waren entsetzt über diese Lebensweise. Der österreichische Afrikaforscher Oscar Baumann (1864–1899), der das Land der Massai 1892 durchzog, urteilte knapp: »Dem Massai behagt das Elmoran-Dasein, welches in Kriegszüge und faules Umherlungern mit den Nditos [den Massai-Mädchen] geteilt ist.« Die arabischen Sklavenhändler waren der gleichen Meinung. Gefangene Massai waren praktisch unverkäuflich, sie hatten zum Arbeiten einfach keine Lust.

Spätestens mit Mitte dreißig wurde der Elmoran zum Elmorua [Älterer], schied aus dem Kriegerstand aus und durfte heiraten. Seine Altersgenossen halfen ihm, die neue Rolle anzunehmen: »Jetzt, wo du ein Älterer bist, lege deine Waffen nieder und verlasse dich stattdessen auf Verstand und Weisheit. Auf dass du friedfertig seiest und in Wohlstand lebst mit vielen Kindern und Rindern.« Seine Waffen tauschte er gegen einen Stab als Stütze, einen Fliegenwedel und eine wärmende Decke. Sein sorgfältig gepflegtes geflochtenes Haar wurde ihm abgeschnitten, der Schädel fortan rasiert. Wurde die Rasur von seiner Mutter vorgenommen, bedeutete dies, dass sie nie mit einem Krieger seiner Generation geschlafen hatte, und war eine große Ehre. Und auch ihm begegnete man mit Respekt, wenn er sich bis dahin nur mit den Nditos vergnügt und nie mit einer verheirateten Frau geschlafen hatte.

Den Mädchen hatte Engai, wie den Knaben auch, die Beschneidung verordnet, sobald sie geschlechtsreif waren. Eine Prüfung, die tapfer ertragen werden musste, obgleich sie um vieles brutaler und blutiger war. Bei dieser »zweiten Geburt« wurden den Mädchen Klitoris und innere Schamlippen entfernt. Wie bei der ersten Geburt war sie mit Schmerzen verbunden, leitete einen neuen Lebensabschnitt ein und machte das Mädchen zur Frau. Erst durch die Beschneidung wurde sie heiratsfähig und zum vollwertigen Mitglied der Stammesgesellschaft. »Ein Mädchen, das nicht beschnitten ist, kann nicht gebären«, hieß es bei den Massai. Der künftige Ehemann, der nach den Strammesgesetzen nur ein Elmorua sein konnte, wurde vom Vater ausgewählt, der auch den Brautpreis aushandelte.

Die Stammesgesellschaft der Massai geriet mit dem Beginn des 20. Jahrhunderts massiv unter Druck. Deutsche und Briten unterhöhlten die Machtstellung der Massai durch ihre militärische Überlegenheit, Siedler kamen ins Land, kultivierten die Steppe oder züchteten selbst Vieh. Die von den Kolonialherren eingeschleppten Pocken wüteten grausam unter den Stämmen, dazu kam eine verheerende Viehseuche. Sie mündete in eine Hungersnot, der zwei Drittel der Massai zum Opfer fielen. Der Erste Weltkrieg, bei dem die Kolonialmächte mit sich selbst beschäftigt waren, gab den Massai ein letztes Mal Gelegenheit, Frauen und Rinder von den Bantu zu erbeuten. Dann kam die Unabhängigkeit, doch die modernen Staaten Kenia und Tansania wollten weder Nomaden, die keine Staatsgrenze beachteten, noch Rinderherden in den Teilen ihres Landes, die Nationalparks werden sollten. Ähnlich dem Schicksal der nordamerikanischen Indianer gehörte die Steppe plötzlich allen, nur nicht länger den Massai.

Himalaya

Auf dem Dach der Welt

Himalaya, das bedeutet auf Sanskrit »Heimat des Schnees«. In diesem viertausend Kilometer langen Gebirgsbogen vom Nanga Parbat im Westen bis zum Namche Bawa im Osten liegen alle vierzehn Achttausender der Erde. Eine Gegend der Extreme: Hier der höchste Berg, der Mount Everest, dort die tiefste Schlucht der Welt im Tal des Kali-Gandaki, es ist die feuchteste Region der Erde mit bis zu vierzehn Metern Niederschlag im Jahr und gleichzeitig eine der trockensten. Überall, selbst auf den Gipfeln der höchsten Berge, legen versteinerte Korallen, Muscheln und Ammoniten Zeugnis davon ab, dass diese riesige Gebirgskette einst der Grund eines Meeres war, hinaufgepresst und immer noch weiter aufsteigend durch den Zusammenstoß zweier Kontinentalplatten vor sechzig Millionen Jahren. Von Süden und Norden betrachtet, sind diese Berge so weltenfern, so herausgehoben aus der Heimat der Menschen, dass nur Götter sie bewohnen dürfen. Sie gleichen heiligen Kristallen, die durch Berührung ihren Glanz und ihren Zauber verlieren.

Ama Dablam, Solo-Khumbu-Region, Nepal

Mustag Ata, Karakorum

Mount Everest, Nepal/Tibet

Das Wahre, mit dem Göttlichen identisch, lässt sich niemals von uns
direkt erkennen, wir schauen es nur im Abglanz, im Beispiel, Symbol,
in einzelnen und verwandten Erscheinungen; wir werden es gewahr
als unbegreifliches Leben und können dem Wunsch nicht entsagen,
es dennoch zu begreifen.
Johann Wolfgang v. Goethe

Gaurichankar, Nepal

Duth-Kosi-Tal zwischen Tuboche und Ama Dablam, Nepal

Kailash

Immer ruhigen Fußes

Eine uralte Legende besagt, dass sich irgendwo in der Mitte der Erde ein Berg erhebt, der die Achse der Welt bildet. Ein ruhender Pol im ewigen Kreisen. Ein Ort der Stille, des Übergangs von einer Welt in die nächste. Nicht von Menschenhand gemacht wie Tempel, Moscheen, Kathedralen oder andere Heiligtümer. Sondern eine gewaltige Pyramide aus Stein und Eis, ein kristallener Tempel, oft von Wolken umgeben, der sich allem Profanen entzieht. Ein Berg, wie der Kailash.

Blick auf den Kailash von Norden, Tibet

Kailash, innere Kora

Wann genau der Kailash von den asiatischen Religionen als heiliges Symbol gewählt wurde, ist unwichtig. Er ist seit Menschengedenken da und seit Menschengedenken verehren Gläubige ihn als den Berg aller Berge. Mir hat sich die Symbolkraft des Kailash und des nahegelegenen heiligen Sees Manasarovar durch meine wiederholten Pilgerfahrten nach Tibet erschlossen.

Einst setzten Menschen ihr Leben aufs Spiel, um an diesen magischen Ort zu gelangen. So ist es überliefert. Trotzdem machten sich immer mehr Pilger auf den langen Weg von Kathmandu, Lhasa, Kodari oder Nyalam, oft allein mit dem Tod. Nicht nur, weil die Luft dünn ist, die Beine schwer und das Herz schwach werden. Reisende mussten bereit sein aufzubrechen, die Menschenzeit zu relativieren, ihr Leben zu wagen. In Höhen von 6000 Metern schwindet der Mut ebenso wie der Wille und der Tod ist zuletzt das Schwinden und Verschwinden von allem. Das eigene Leben in der Schwebe zwischen Sein und Nichtsein, in einer Umgebung, die unsere Endlichkeit unterstreicht. Und doch ist es eine Umgebung, die das Leben umarmt. Voller

Kraft und Mystik. Die Weite der tibetischen Hochebenen, die Tiefe, die durch die hohen Berge betont wird, die Stille und Klarheit der trockenen Luft lassen den Geist wandern, auch wenn die Schritte schwer werden. Die Leere, das Loslassen, die Überwindung des irdischen Leids faszinieren die Menschen seit jeher. Pilgerschaft ist nie Theorie, sondern Praxis, sie kann jede Form einer Erfahrung in Erkenntnis umwandeln. Ich selbst habe meine Eindrücke während dieser Pilgerfahrten nicht aufgeschrieben, auch weil das Jenseitige unergründlich ist und das Unergründliche nicht festgeschrieben werden kann. Ich lief, formte Bilder, ließ eine Erzählung in mir entstehen, die kein reiner »Tatsachenbericht« sein soll. Ich ging, um zu gehen: ohne Auftrag, ohne Aufgabe, ohne Ziel. Jeder meiner Schritte war beschwerlicher als der letzte und doch identisch mit dem vorigen. So wurde jeder Schritt Erfüllung und dieser Weg des Ganz-da-Seins führte ins Nirgendwo. Der erste Schritt zählte dabei wie der letzte, jeder war Anfang und Ende zugleich. Das Handeln ist nicht mehr auf das Morgen, eine Zukunft ausgerichtet. Ein in der Zukunft erreichbares Ziel gibt es nicht mehr, auch weil es keine Vergangenheit mehr gibt. Das Leben wird Gegenwart. Der Kailash ist Mittelpunkt, seine Heiligkeit ist seine Wirklichkeit im leeren Raum. Das Staunen der Pilger erst macht diesen Raum sichtbar, transparent, einmalig. Es erfüllt ihn mit Licht, Mensch und Natur werden eins.

Auf der Weite der tibetischen Hochfläche gehören Berge und Täler, Pässe und Flüsse, Gras, Bäume, Felsen, Tiere und Menschen zusammen, der Raum vereint uns. Als wäre unsere Bestimmung verwoben mit der Bestimmung der Erde: der Kailash als Symbol für die kosmische Natur des Menschen, sein Gipfel der Eroberung entzogen, nur dem Respekt zugänglich. Und trotzdem wird jede Entfremdung hier aufgehoben. Mit dem Umwandern des Kailash wagen wir eine Pilgerreise ins Innerste all jener Geheimnisse, die sich außerhalb des Denkens offenbaren. Unsere religiösen Überzeugungen, oft Ursache menschlicher Konflikte, sind hier von jedem Dogma, jeder Ausschließlichkeit befreit. Vergessen auch, was der Überwindung aller Vereinnahmung dient: Weder auf dem Mosesberg noch in Jerusalem noch auf dem Ol Doinyo Lengai oder auf dem Kailash wohnt die Wahrheit. Nicht unter Lamaisten noch unter Juden, Hindus,

Christen oder Afrikanern ist Gott ausschließlich Geist, alle Religionen bemühen Symbole des Göttlichen, die Orientierungshilfe sind, um zu ahnen, wohin wir gehören. In diesem Kontext schenken die Berge Teilhabe an der Weisheit der Erde und die Götter Selbstvergessenheit.

Als ich 1985 aber eine Gelegenheit erhielt, zum heiligen Berg zu reisen, kam jene naive Sehnsucht wieder auf, die mich schon in meiner Kindheit ins Gebirge gelockt hatte. Mein Freund Professor Dr. Schurle Rhomberg hatte als Arzt eines ranghohen chinesischen Politikers einen Wunsch frei. Mir zuliebe wählte er eine Reise zum Kailash, für Ausländer jahrzehntelang ein absolutes Tabu. Erst 1984 hatte die chinesische Zentralregierung die Bestimmungen gelockert, wir gehörten zu den Ersten, die eine Erlaubnis für den Tise, wie die Tibeter den Kailash nennen, erhielten. Im Himalaya ist er unter dem Namen *Kang Rimpotche* bekannt.

Nomaden mit ihrem Vieh auf der äußeren Kora am Kailash

Potala-Palast in Lhasa

Von Lhasa aus kommend, lagen 1800 Kilometer auf unbefestigten oder Schotterstraßen bereits hinter uns, als wir Ende Juli am Manasarovar-See, etwa fünfzig Kilometer vom Kailash entfernt, ankamen. Die überwältigende Gegenwärtigkeit von Bergen und Tälern machte die Strapazen der Fahrt vergessen. Auf allen Seiten zeitlose Weite, ferne Gipfel, schroffe Felsen, rauschende Flüsse, das wogende Gras der Hochebene. Bis zum Horizont ein lebensfeindliches Land. Und doch eines, das göttliche Kraft ausstrahlt.

Schurle blieb mit einigen Freunden am Manasarovar zurück, ich wollte den Weg der Kailash-Umrundung zunächst alleine erkunden. Rauchschwaden hangen über dem Dorf Darchen – ein paar Steinhäuser, Nomadenzelte, Hundegebell –, als ich am Nachmittag am Ausgangspunkt der Kora ankomme. Das winzige Kaff am Südfuß des Berges liegt 4800 Meter über dem Meeresspiegel und ist zumindest hygienisch eine Katastrophe. Überall Abfall, menschliche Hinterlassenschaften. Für indische und nepalesische Pilger, die sich nach zwanzig Jahren des Verbots wieder auf den Weg um den Kailash begeben dürfen, gibt es Unterkünfte. Die anderen behelfen sich mit Zelten oder Jurten, manche schlafen auf dem Boden, nur ein Schaffell zwischen sich und dem Himmel. Alle finden einen Platz in dieser bunten Pilgerschar, der Einzelne verschwindet in der Bedeutungslosigkeit.

Seit wie vielen tausend Jahren Pilger aus Tibet, der Mongolei, Bhutan, Nepal und Indien hierherkommen, weiß niemand genau zu sagen. Alle – alt und jung, Buddhisten, Jains, Hindus und Bönpos, die Anhänger der präbuddhistischen Schamanenreligion Tibets – verehren den Kailash. Nicht nur Buddhisten glauben, dass eine Umrundung des Berges auf dem heiligen Pfad das Leben reinigt. Wer kann, umwandert den Berg zu Fuß, einmal oder auch viele Male. Wer dafür zu schwach ist, lässt wandern und beten, gegen Bezahlung. Alle scheinen sich hier im Kreise zu drehen, bemühen sich aber die Kreise der anderen nicht zu stören.

Am 27. Juli breche ich um 6 Uhr morgens auf. Rasch schließe ich zu zwei Mädchen und einem Burschen auf, die kurz vor mir losgegangen sind. Wir sind nicht die Ersten. Schon vor Stunden hatte ich in meinem Zelt liegend die Schritte der Pilger vernommen, ihr Gemurmel, ihre Gebete. Wir gehen westwärts, erreichen den Fahnenmast Tarpoche, an dem unzählige Gebetsfähnchen hängen, und schreiten durch den Chorten Kahngnyi, einen zweibeinigen Stupa. Für die Tibeter ist dieses Tor nicht nur der eigentliche Beginn der Kora, sondern ein Schritt hinein in den Zwischenbereich von Leben und Tod, der zur Wiedergeburt im Geiste führt. Hier stoßen weitere Pilger zu uns, bald schon bilden wir einen kleinen Strom, ein halbes Hundert Leute, das an alten Mani-Mauern, aufgeschichtet aus unzähligen Votivsteinen, entlanggeht. Rechts von uns immer unser Berg. In den Morgenstunden wirkt er unnahbar: eine gleichmäßig dreiflächige Pyramide, die Kanten abgerundet und doch an allen drei Wänden abweisend. Der Gipfel als Sinnbild der höchsten Erleuchtung, nicht mit Steigeisen zu bezwingen.

Im Tal des Götterflusses hat eine Khampa-Familie mit Pferden ihr Lager aufgeschlagen. Drei Zelte, meine ersten Begleiter entschließen sich zu einer Rast. Ein Stück geht eine Nonne mit mir, die fortwährend um ein Bild mit sich und dem Kailash bettelt. Ich habe aber keine Polaroidkamera dabei und vertröste sie auf meine zweite Kora in ein paar Tagen. Sie versteht mich nicht, bleibt mir hartnäckig auf den Fersen. Bald hole ich wieder eine Gruppe ein, drei Burschen und ein Mädchen, mit denen ich den steilen Weg zum Dolma-La emporsteige, zum Pass im Norden des Berges. Immer wieder bleiben die vier stehen, scherzen miteinander, lachen und beten. An besonderen Steinen verrichten sie Rituale: Sie lecken aus Eisbecken, legen ihre Hände in geheimnisvolle Abdrücke oder schaben mit kleinen Steinen in Vertiefungen an Felsformationen am Wegrand. Am »Prüfstein der Sünder« kriechen sie unter einem Labyrinth von Steinbrocken hindurch. Es heißt, wer stecken bleibt, habe gesündigt. Von Sünden gereinigt zu werden heißt für Buddhisten, dem Nirvana einen Schritt näher gekommen zu sein. Oben am Pass umrunden sie mehrmals einen großen Felsblock mit Gebetsfahnen: Weiß für die Wolken, Blau für den Himmel, Gelb für die Erde, Grün für das Wasser und Rot für das Feuer. Jeder, der diesen Pass erreicht, hinterlässt etwas: Ein Fähnchen, ein Andenken, irgendetwas. Es scheint keine Unterschiede zu geben zwischen Einheimischen und Fremden, Angehörigen verschiedener Kulturen und Religionen. Nichts wird hinterfragt, nichts wird bewertet, alles ist eins.

Auf der anderen Seite des Passes fällt der Weg steil ab. Vorbei an unzähligen Steinbrocken und einem trüben Moränensee

Pilger am Kailash

Ritualstein an der Kora

gelangen wir ins grüne ostseitige Tal. Ein klarer Bach fließt mitten durch saftiges Weideland, ich fühle mich in dieser Niederung wie wiedergeboren. Das Atmen fällt leichter, ich muss meine Schritte nicht mehr vorsichtig setzen, alles ist nur noch Bewegung. Im Rhythmus des langsamen Gehens formuliere ich Empfindungen. Wie Gedichte. Vor mir waren es unendlich viele, die diesen Weg gingen, nach mir werden es unendlich viele weitere sein. »Kalipé«, den Wunsch, den Tibeter Pilgern mit auf den Weg geben, und den mir Rastende hin und wieder zurufen, verstehe ich auch unübersetzt: »Immer ruhigen Fußes«.

Im Auf und Ab des Heimwegs schlüsselt sich mir der Kailash dreidimensional und geographisch im Raum auf. Ich kann seine Dimensionen abschätzen, nicht aber seine Heiligkeit. Oder ist mein starkes Raumgefühl auch der Schlüssel für seine Einmaligkeit? Ich weiß es nicht, vielleicht werde ich in ein paar Tagen klarer sehen.

Zwei Pilger am
Manasarovar-See

Zurück bei meinen Freunden am Manasarovar-See, kommt mir die Idee, das heilige Gewässer zu umlaufen. Ich spüre keinerlei Müdigkeit, stehe auf, ziehe nur eine Windbluse und eine Hose über und gehe mit nichts als diesen dünnen Kleidern los. Über mir ein klarer Sternenhimmel, rechts der See. Die Stille ist trotz der Wellenschläge umfassender als am Tag zuvor am Kailash, die Einsamkeit füllt mich angenehm, ja wohltuend aus. Was für eine Stimmung.

Leicht, leer, ohne Gepäck gehe ich dahin. Später laufe ich. Meine Schritte geben den Rhythmus zu den Gedichten vor, die ich weder spreche noch denke, nur spüre: Von klaren Schneerändern im Westen, vom Wasser, das ständig, wenn auch nur in leichten Nuancen seine Farbe wechselt, von Seen im See, Streifen in Pastell, Strichen in der Landschaft. Als wäre meine Wahrnehmung gesteigert, sehe, höre und spüre ich die grandiose Leere dieser Landschaft. Vor allem beim Laufen, wenn mir die Kiesel wie helle Kristalle entgegenkommen: Das Grau mit Silbereinlagen, dazwischen einzelne Gräser und immer wieder winzige Blüten. In nordwestlicher Richtung ragt der Schneegipfel des heiligen Berges klar wie ein Kristall in den inzwischen blendend blauen Himmel. Der Kailash steht mitten in der Linie des Horizonts, seine breite Kuppe überragt alles. Mein Blick wendet sich immer wieder in seine Richtung, es ist wie ein Sog. Berg und See werden zu einer heiligen Einheit.

Gegen Abend überhole ich eine Nomadenfamilie mit weißen Yaks. Sie rasten in einer Mulde. Schwarz tragen die Männer, die Frauen Röcke mit bunten Streifenmustern. Hunderte Kilometer weit ist die Sippe durch die stürmische Hochebene gewandert, über Wochen hat ihr Glaube sie fort und zum heiligen Berg geleitet. Nun ist es nicht mehr weit, zwei, drei Tagesetappen noch, dann können sie mit der Kora beginnen.

Ich verweile kurz bei ihnen, esse etwas, trinke Tee. Bezahlt wird mit Haarlocken, die mir die Tibeter abschneiden. Ich selbst habe nur einen Becher dabei, um Wasser aus dem See zu schöpfen. Insgesamt dreimal mache ich Pause bei Nomaden, die mich in ihr Zelt einladen. Nach jeder Rast wird mir das Aufstehen jetzt mühsamer: Nicht die Muskeln, die Knochen schmerzen. Immer, wenn ich mich von neuem auf den Weg mache, ist es, als wäre Sand in allen meinen Gelenken. Bald aber bin ich wieder leicht, laufe, vergesse alles, sehe nichts, höre nichts, nur der Boden unter den Füßen bebt. Im Südwesten erhebt sich das breite Massiv der Gurla Mandhata, fast 7700 Meter hoch. Links davon, absteigend, zähle ich sieben kleinere Gipfel: der Himalaya, wie in mehreren Versuchen geformt. Den Weiterweg erlebe ich wie im Schwebezustand. Raum und Zeit sind aufgehoben. Nur Wellenschlag und Landschaft, die sich bewegt und im Kopf das Gefühl, dass die Erde sich dreht. Die letzten Sonnenstrahlen streifen über den See, Windböen jagen jetzt über das Wasser: Die See – hier weiblich – fängt plötzlich schneller und lauter zu atmen an; unter dem Tanz der Böen wird sie weit, stark, packt an; ihr Atmen wird tiefer, stärker, lauter, bis nach einem Aufbäumen wieder Ruhe eintritt. Als ob die See jetzt schlafe.

In der Dämmerung kommen drei Menschen auf mich zu, ihr Hund springt mir über eine Düne entgegen und ist gleich wieder verschwunden. Halluzinationen? Vielleicht. Auch mein Zelt springt hin und her, als ich mich dem Lagerplatz nähere. Als ob mein Auge Mühe hätte, die Zeichen der Zivilisation zu fassen. Es ist Nacht, ich bin da.

Die Umrundung ist für Bönpos Teil der Kailash-Wallfahrt. Der See – türkisfarbenes Wasser, ockergelbe Dünen an seinem Ufer und hohe Berge im Hintergrund – hat aber nicht nur eine religiöse Bedeutung: Hier liegt, wenn man so will, die Zukunft aller gläubigen Tibeter: im Gang-Tshu-Kanal, dem Zufluss zum 15 Meter tiefer liegenden Rakshastal-See. Viele Jahre war er ausgetrocknet. Jetzt fließt wieder Wasser und damit Hoffnung. Das Staatsorakel des Dalai Lama hat die Befreiung Tibets innerhalb eines halben Jahrhunderts prophezeit – wenn die Seen wieder miteinander verbunden sind. Vereint, wie in der alten Legende, in der Rakshastal und Manasarovar Braut und Bräutigam waren.

Am nächsten Tag wollen wir gemeinsam zum Kailash aufbrechen, diesmal zu fünft. Es gilt, noch einiges zu organisieren, auch wenn nicht klar ist, ob wir die Kora alle miteinander antreten können. Schurle ist krank, ich kaufe ihm einen Dzi-Stein. Den Tibetern gelten sie als magisch, sie sollen vor Unglück und Krankheit schützen. Ob er Schurle gesund machen kann? Ich staune über das Okkulte in mir.
Wir sind immer im Kreise unterwegs, denke ich beim Einschlafen: Ob wir um den Kailash, einen Tschörten (tibetische Form der Stupa) oder um die Welt gehen. Wie wäre es, sich um die eigene Achse zu drehen?
Als wir am Morgen aus dem Zelt kriechen, sind wir umgeben von einem Labyrinth aus Nomadenzelten. Ein Inder, einer von über 10 000 Bewerbern für die Pilgerreise, steht gähnend vor uns. Turban, grauer Rauschebart, in der Hand einen Dreizack, das Zeichen Shivas. Nur 350 Inder durften 1985 zum Kailash pilgern, mehr gestattete die chinesische Regierung damals nicht. Über einen 5000-Meter-Pass ist er zu Fuß und unter großen Strapazen nach Tibet gelangt.
In den Nachmonsunwochen September und Oktober wäre die Kora besser zu schaffen, aber auch jetzt, Anfang August, stehen die Chancen gut für eine kleine Gruppe, wie wir es sind, den Berg zu umrunden. Wir haben ja keine Eile. Die 52 Kilometer lange Kora lässt sich in drei Tagen leicht bewältigen. Strenggläubige erfüllen die Umrundung, indem sie sich, Hände und Knie mit Brettchen geschützt, Körperlänge um Körperlänge auf den Boden werfen, den Weg ausmessen – ein solcher Pilger-

gang dauert mindestens 14 Tage! Wer dies auf sich nimmt, sammelt besondere Verdienste an und kommt so dem Ziel der Erlösung von irdischem Leid näher. Nach 13 Umrundungen darf ein höher gelegener Weg, die innere Kora, gewählt werden. 108 Koras – so viele wie die heilige buddhistische Zahl – gewähren schon bei Lebenszeit Eingang ins Nirwana, heißt es. Nichts für uns. Gilt es doch nur, im Uhrzeigersinn um den heiligen Berg zu gehen. Die Bönpos, die Anhänger der alten tibetischen Religion, sind die Einzigen, die ihn in der Gegenrichtung umrunden.

Dieser erste Tag führt uns weitgehend flach auf einer Strecke von rund zwanzig Kilometern bis an die Nordseite des Kailash. Auf dem Plateau Darpoche, gleich über Darchen, wird jedes Frühjahr rund um den Gebetsmast ein großes Fest gefeiert. Wir gehen durch das Tschörten-Tor und weiter über Weideland. Wenig später kommt der Kailash in Sicht. An markanten roten Felsen am Wegrand sind Mantras eingemeißelt. Hier soll sich Buddha mit seinen Schülern aufgehalten haben. Auch Milarepa, bevor er sich der Überlieferung nach auf den Berg »beamen« ließ. Mit den Sonnenstrahlen sei er auf den Gipfel geschwebt – der Einzige, der den Gipfel je betreten haben soll. Wir ungebildeten Pilger aus dem Westen sehen Fußabdrücke an den Felsen, Gesichter und Körperabdrücke an den Hängen. Alle Figuren aus der tibetischen Mythologie – Gesar, Buddha, Marpa, Milarepa – sollen auf den heiligen Felsen ihre Spuren hinterlassen haben. Wir sollten sie berühren, wenn wir Energie und Weisheit schöpfen wollten. Die Tibeter sind fröhlich und gelöst bei diesen Zeremonien.

In einem Nomadenzelt, unmittelbar unter der Nordostwand des Kailash, essen wir zu Abend: *Tsampa* – Mehl aus geröstetem Getreide, das mit Tee zu einer breiähnlichen Masse geformt wird –, Fleisch vom Knochen und Buttertee. Draußen weiden Schafe, Pferde und Yaks. Gegen den glasig wirkenden Himmel hebt sich die Pyramide des Kailash scharf ab. Ob sie kletterbar ist? Man stelle sich vor: Ein Einzelner, mitten in der Nacht, erklettert den Berg. Mit Hilfe des Mondlichts. Wie Milarepa auf seinem Sonnenstrahl. Niemand weiß es, niemanden stört es. Die Welt würde nicht untergehen. Die Frage ist nur, ob es bewiesen werden muss. Ob man die Ruhe der Götter stören muss.

Gebetsfahnen, Tibet

In alten indischen Schriften, den *Puranas*, wird erstmals der Berg Meru erwähnt. Er steht in der Mitte, bildet die Weltachse, eine Art Verbindung zwischen Erde und Himmel. An seinem Fuß entspringen vier Quellen, die in alle Himmelsrichtungen wegfließen, vier lebensspendende Flüsse speisend. Durch seine Form – die Tibeter nennen ihn »Großes Schneejuwel« –, durch seine Lage und die Quellen wurde der Kailash als ebenjener Berg Meru identifiziert. Hindus aus Indien und Nepal glauben, auf seinem Gipfel throne Shiva, Zerstörer und Schöpfer zugleich. Mit seiner Frau Parvati wacht er über die Welt. Auch für die Jainas, Anhänger einer streng asketischen Lehre, ist der Kailash von hoher spiritueller Bedeutung. Der Gründer des Jainismus, Rishabanatha, soll hier Erleuchtung gefunden haben.

Mein Schlaf ist tief. Am Morgen gutes Wetter. Aufbruch gegen neun Uhr. Wieder ziehen Schafherden an Gebetsfahnen entlang, dicht gedrängt jagen sie über eine kleine Steinhalde. Eine Herde geht, eine zweite Herde kommt. Wie die Pilger, die in Gruppen bergwärts steigen. In den Konglomeratfelsen links und rechts vom Tal sind Tiergesichter zu erkennen: Elefant, Pferd, Pfau. Als ob ein Riese seine Kunst dort hinterlassen hätte. Dazu viele kleine Tschörten und Steinmäuerchen. Oft gleichen sie modernen Plastiken, nicht selten sind sie Nachbildungen des Kailash. Bei einer betenden Frau am Wegrand bleibe ich kurz stehen. Vor ihr ist ein Altar aufgebaut, daneben liegt eine Gebetsmühle und der Dorje, ein zepterähnlich geformter Kristall mit acht Spangen und eingravierten Lotosblüten – ihre Ritualinstrumente. Ihre Inbrunst scheint ohne Grenzen zu sein. Nein, sie darf nicht gestört werden. Wenn ich nicht auf den Kailash klettere, mit Seil und Haken, dann nicht deshalb, weil es verboten ist, sondern einzig, weil diese Menschen einen Zugang zum Berg gefunden haben, der ein ganz anderer ist als der des Alpinismus. Diesen Ansatz gilt es zu respektieren. Es ist die *compassion*, das Mitfühlen, das allen Pilgern gemein ist und den Kailash zu einem besonderen Berg macht. Eine Eroberung im viktorianischen Sinne käme einer Vergewaltigung des Berges gleich, einer Schwächung seines Mythos. Jeder bestiegene Berg hat an Ausstrahlung verloren.

> Wenn es dir nicht gelingt, Meditation zu praktizieren, ist dein Leben, so lang es auch sein mag, bedeutungslos und nur eine Anhäufung negativer Handlungen. Deshalb übe eifrig in der Einsamkeit der Berge und hisse das Siegesbanner der Erleuchtung! Geh zum Tise, Kailash, dem großen Schneeberg, den der Buddha prophezeit hat, und meditiere dort.
> Milarepa

Unser zweiter Tag beginnt mit dem steilen Aufstieg zum höchsten Punkt der Rundwanderung, dem Dölma-La, fast 5700 Meter hoch. Weit oben auf einem Steinhaufen liegt eine Leiche. Es ist eine der vier Stellen am Kailash, wo Bestattungen stattfinden. Nach tibetischer Tradition können die Leichen hoher Lamas verbrannt, die der Armen und Bettler den Flüssen übergeben, solche gewöhnlicher Bürger »himmelbestattet« werden. Ihre Leichen wurden früher von Mitgliedern niederer Kasten auf den Berg

Den Göttern nahe:
Gebetsfahnen am
Kailash; Trogtal (rechts)

getragen und auf einem Felsabsatz abgelegt. Die Knochen, die die Geier übrig ließen, wurden zermalmt und dem Wind übergeben. Schurle ist inzwischen zu uns gestoßen. Er ist gesund und in bester Form. Hat der Dzi-Stein Wunder gewirkt? Nein, er hat ihn nur an sich selbst glauben lassen.

Vom Dölma-La aus ist der Kailash nicht sichtbar. Der Blick über die unzähligen bunten Gebetsfahnen aber ist so beeindruckend, dass ich vorerst nicht an den Tanzplatz der vielen Götter über mir denken muss.
Mit dem Abstieg zum Thuje-See, in dem die Hindus gerne baden und aus dem die Buddhisten trinken, ist der Kreis bald geschlossen. *Lha Gya-Lo*, die Götter werden siegen.

Der Kailash ist wie ein glasklarer blauer Kristall. Unwirklich. Nur die
Aufstiegsspuren eines Bönpo retteten sein Flair.
Milarepa sah sie und überholte den Priester. Sein Auf- und Abstieg war wie
bei einem Bön-Ritual: Er sah Gesichter, einen hellen Lichtschein, unterm
Gratkamm den stürzenden Bönpo. Felsen wurden zu Yaks, der Gipfel ein
Tschorten. Dakinis zauberten alle nur erdenklichen Bilder – tanzende
Figuren, tierköpfige Menschen, den Tod.
Dorje, Tibeter

Trogtal, im Hintergrund der Kailash

»Hier herrschen nur die Götter«

Beinahe wäre es schiefgegangen. Um zum Kailash zu kommen, verkleidete sich der österreichische Geologiestudent Herbert Tichy (1912–1987) als Inder. Nur diesen war es erlaubt, zum heiligen Berg zu pilgern, für Europäer hingegen strikt verboten. Der 23-jährige Tichy, der gerade – wir schreiben das Jahr 1935 – Afghanistan und Kaschmir durchquert hatte, war abenteuerlustig genug, es trotzdem zu wagen. Zudem reizte ihn als Bergsteiger die Herausforderung; neunzehn Jahre später wird Tichy seine Karriere mit der Besteigung des Cho Oyu (8201 m) krönen, dem sechsthöchsten Achttausender. Am Nachbarberg des Kailash indes, der Gurla Mandhata (7696 m), scheiterte der vermeintliche Pilger. Tichy, der von den Einheimischen beobachtet worden war, hatte sich verdächtig gemacht. Indische Pilger kletterten nicht auf Berge, schon gar nicht mit Eispickeln und Seilen.

Notgedrungen tat er das, was alle Pilger taten und was er ohnehin geplant hatte: den Kailash auf der Kora zu umkreisen. Das ging gut, solange er nicht fotografierte. Aber die Versuchung war zu groß, als der heilige Berg in der Abendsonne magisch leuchtete. Unglücklicherweise befand sich der Fürst von Westtibet und damit eine staatliche Autorität ganz in der Nähe und so wurde Tichy ihm vorgeführt. Seine blauen Augen, die in den Kaschmir-Regionen Indiens übrigens weit verbreitet sind, erregten zunächst den Arg-

Herbert Tichy, verklei-
det als indischer Pilger

wohn des Fürsten, aber die schmutzigen schwarzen Haare, die unter seinem Turban hervorquollen, überzeugten umso mehr, als Tichy eine wahrhaft geniale Ausrede einfiel. Nicht einen Fotoapparat habe man bei ihm gesehen, sondern sein Fernglas, mit dem er die Götter auf dem Gipfel beobachtet habe und das er dem Fürsten nun gerne in aller Ehrfurcht verehren wolle. Damit war die Sache erledigt, das Eis gebrochen und der vorgebliche Inder wagte sogar die provokante Frage, ob nicht, wie gerade am Nanga Parbat geschehen, demnächst Europäer kommen würden, um den Götterberg zu ersteigen? Der Fürst, so beschreibt es Herbert Tichy später in seinem Buch *Zum heiligsten Berg der Welt*, fand die Frage offenbar herzlich dumm und antwortete: »Kein Mensch kann den Kailash jemals ersteigen, es sei denn einer, der niemals eine Sünde begangen hat. Er aber wird nicht über die steilen Eiswände steigen müssen, er wird sich in einen Vogel verwandeln und zum Gipfel fliegen.«

Tatsächlich hatte sich ein solches Ereignis 850 Jahre zuvor zugetragen. Etwa um das Jahr 1100 besuchte der berühmte Yogi und größte tibetische Dichter Milarepa (1040–1123) den Kailash. Er war im Auftrag Buddhas unterwegs: Der hatte nicht nur geweissagt, der Kailash würde einst Wallfahrtsort der Gläubigen sein, sondern auch, dass Milarepas Schicksal sich an diesem heiligen Berg entscheiden würde. Das Schicksal des Yogi wiederum war mit dem Fortbestand der buddhistischen Lehre in Tibet verknüpft. Seit sich diese im siebten nachchristlichen Jahrhundert, gefördert von den Königen, verbreitet hatte, war es zu einem Rückschritt gekommen. Die alte vorbuddhistische schamanische Bön-Religion besaß im Volk und im Adel noch einen starken Rückhalt und gerade der Adel hegte den nicht unbegründeten Verdacht, dass der neue Glaube, der die Vielzahl der Götter, Dämonen und Geistwesen auf einen einzigen reduzierte, auch die bis dahin bestehenden gesellschaftlichen Hierarchien untergrabe.

Der Kampf um den rechten Glauben kulminierte am Kailash. Denn der war auch in den Augen der Bön-Priester ein heiliger Berg. In ihm sahen sie einen riesigen Tschorten aus Bergkristall. In diesem Palast residierte der Gott Gekhod, dessen 360 Erscheinungsweisen den 360 Tagen des Sonnenjahres entsprachen. Der Kailash bildete die Weltachse, um die sich das Jahr drehte, ebenso trug er das Himmelszelt, doch ragte sein Gipfel darüber hinaus in einen unendlichen lichterfüllten Raum. Nur durch diese Öffnung hatten Sonne, Mond und Sterne Anteil am göttlichen Licht, erhielten sie ihre Leuchtkraft und spendeten Wärme. Vier Hüter an seinen vier Seiten schützten den Kailash: ein Tiger, ein Yak, ein Drache und das Fabelwesen Khyung, ein Vogel mit einem Stierkopf.

Milarepas Gegenspieler war der Bön-Priester und Magier Naro Bön Tschung. Er beherrschte die Kunst, mittels Beschwörungen und aufwendigen Ritualen den Kontakt zwischen Menschen und Göttern herzustellen. Er wusste, welcher Gott wie und wo zu versöhnen war, welches Opfer wann die größte Wirkung versprach – und welchen Preis er dafür fordern konnte. Aber auch Milarepa war für den Kampf bestens gerüstet. Wie die meisten Heiligen – denken wir nur an den Kirchenvater Augustinus – hatte er in seiner Jugend alles andere als ein moralisch einwandfreies Leben geführt. Seine Feinde hatte er gnadenlos mit schwarzer Magie vernichtet und war erst spät zur Askese und zur Praxis des von Buddha beschworenen »liebenden Mitgefühls« gelangt. In Indien hatte ihn sein Lehrer Marpa (1012 – 1097) mit den tantrischen Geheimlehren vertraut gemacht. Auf die beiden geht die Gründung eines der einflussreichsten tibetischen Mönchsorden, der Kagyüpa, zurück.

Milarepa, der auf tibetischen Thankas stets mit grüner Hautfarbe dargestellt wird (er ernährte sich rein vegetarisch und aß mit Vorliebe

Brennnesseln), hatte sich inzwischen längst von allen Anhaftungen der irdischen Materie befreit – und auf seine Zauberkunst, so hat er es selbst beschrieben, war Verlass. Doch auch Naro Bön Tschung hatte sich ein Leben lang in der Magie geübt und dachte nicht daran, seinem Gegner den Kailash zu überlassen. Milarepa solle sich gefälligst zum Bön-Glauben bekennen, wenn er hierbleiben wolle, forderte er. Wie alle Anhänger des Bön (Bönpos), fühlte Naro seinen unsichtbaren »Beschützer« neben sich, eine Art gezähmten Dämon, der seine linke Seite deckte. Aus diesem Grund vollziehen die Bönpos die rituellen Umrundungen von Bergen, Tschorten und Gebetsmühlen gegen den Uhrzeigersinn und gehen rechts an den Mani-Mauern vorbei.

Der Bön-Priester eröffnete den Wettstreit mit einer Leistung, die schon elfhundert Jahre zuvor im fernen Palästina die Menschen beeindruckt hatte: Er ging über das Wasser des Manasarowar-Sees. Milarepa konterte, indem er den gesamten See, einschließlich der darin lebenden Fische, auf seine Fingerspitzen hob. Auch die zweite Runde ging an den buddhistischen Yogi, bei der die beiden den Kailash umrundeten. Der

Blick von Norden auf
die Himalaya-Kette

eine im, der andere gegen den Uhrzeigersinn. Als sie sich begegneten, war es Milarepa, der die energetische Sperre seines Gegners überwand. Schließlich schlug der bis dahin in allem unterlegene Naro Bön Tschung einen Endkampf vor, der alles entscheiden sollte: einen Flug zum Gipfel des Kailash.

Beide beherrschten die Kunst zu fliegen, aber jeder auf seine Weise. Der Magier startete noch vor der Morgendämmerung, eifrig seine Zaubertrommel schlagend. Das rhythmische Bum-Bum-Bum weckte zwar Milarepas Schüler, er selbst schlief aber weiter. Erst als Naro Bön Tschung den Gipfel fast schon erreicht hatte, richtete sich Milarepa auf. Mit einer einzigen Handbewegung stoppte er den Flug seines Gegners, wartete auf den ersten Strahl der Morgensonne und flog auf ihm zum Gipfel. Vor Schreck ließ Naro Bön Tschung seine Trommel fallen, die die Südseite des Kailash hinunterstürzte und jene Rinne schlug, die noch heute die Südseite des Kailash spaltet.

Milarepa war ein großzüger Sieger. Damit die Gläubigen des Bön auch fortan einen Berg hatten, überließ er ihnen einen kleinen Vorberg,

Bön Ri (»Berg des Bön«) genannt. Und er gestattete den Bön-Pilgern weiterhin, gegen den Uhrzeigersinn die Umrundung des Kailash durchzuführen.

Rund um den Kailash haben sich seitdem auf den Nachbarbergen all jene Boddhisatvas niedergelassen, die das Nirvana erreicht haben und auf dem Gipfel herrscht statt Gekhod der blauhäutige buddhistische Schutzgott Demchog mit seiner Gattin Dorje Phagmo, Weisheit und Mitleid verkörpernd. In seinem Poem der »Hunderttausend Gesänge« rühmt Milarepa dessen yogische Fähigkeiten, die den ernsthaft Suchenden zur Erlösung führen. Der Kailash und die ihn umgebende Landschaft werden nach buddhistischer Überzeugung zu einem einzigen großen Mandala, das dem Pilger dazu verhilft, auch das Unsichtbare zu erkennen, die transzendente Wirklichkeit, die für jeden Gläubigen eine andere ist. So begreifen die hinduistischen Pilger den Berg aufgrund seiner Form als einen riesigen *Lingam*, einen aufgerichteten Phallus, das Symbol des Gottes Shiva. Dieser Lingam bildet die Weltachse und ist der Wohnsitz Shivas. In seiner Eigenschaft als größter aller Yogis thront er hier, nackt und beschmiert mit Asche, tief versunken in Meditation. Sie erlaubt ihm, auf den Grund aller Dinge zu sehen, durch die Masken und Rollen hindurch zu erkennen, dass die Vielheit der Erscheinungen nur Illusion ist. Ihm nachzueifern bedeutet, die Seele aus den Zwängen der diesseitigen Welt zu befreien, die leidvolle Kette der Wiedergeburten zu durchbrechen. Der Riss in der Südflanke des Kailash ist für die Hindus das Symbol für jene Himmelsleiter, die zu Shiva führt.

Shiva ist nicht nur der machtvolle Zerstörer, dessen drittes Auge mit einem Glutstrahl den vernichtet, der ihn in seiner Askese stört, sondern auch ein liebevoller Familienvater, der mit seiner Gattin Parvati und seinen Söhnen Ganesha und Skanda den Gipfel des Kailash in ein Paradies verwandelt hat. Die Vorstellung, dass es inmitten von Eis und Schnee, Sturm und Frost eine Oase mit grünen Bäumen und blühenden Blumen, sanften Winden und melodischem Vogelgesang geben könnte, bewohnt von göttlichen Wesen, hat in den großen indischen Epen *Mahabharata* und *Ramayana* ihren Niederschlag gefunden. Sie liefern den

Stoff, aus dem sich später die europäische Idee vom tief in Tibet verborgenen Ort Shangri-La speisen wird.

Auch die Jains verehren den Kailash und pilgern dorthin. Ihre Glaubensrichtung entstand in der gleichen Zeit wie die des Buddhismus und strebt ebenfalls die Befreiung des Menschen vom Leid des Daseins an. Wie der Buddhismus – und in dieser Hinsicht mit der abendländischen Reformation vergleichbar –, entstand diese Religion aus der Kritik an den überkommenen brahmanischen Religionen Indiens mit ihrem Kastenwesen. Zum rechten Handeln, zur rechten Erkenntnis und Askese tritt noch das Gebot, keine Lebewesen zu verletzen (*Ahimsa*), was dazu führt, dass die stets weiße Kleider tragenden Jains strikte Vegetarier sind und keine Berufe ausüben, die mit der Tötung von Tieren im Zusammenhang stehen. Ihr Glaubensstifter Mahavira, den eine fast identische Biographie – vom Prinzen zum Asketen – mit Buddha verbindet, war der letzte der 24 »Furtenmacher« (*Tirithankas*), die sich seit Anbeginn der Welt bemühen, die Menschheit zu erlösen. Der erste, Risabha, war einst mit zehntausend Mönchen zum Kailash gepilgert und hatte dort nach einer Fastenwoche die Erlösung erlangt.

Milarepa nutzte die Kraft der Natur, das Sonnenlicht, die Gegenpole Wasser und Berg. Nur mit zwei Händen kann man klatschen: Dabei ist der Kailash die eine, der Manasarovar die andere. Milarepa kletterte im Morgenlicht und mit der Kraft der Meditation, nicht der Beine. Sollten fremde Eroberer den Berg besteigen, käme großes Unglück über uns und die ganze Welt würde krank.

Dorje, der bereits mehr als achtzig Umrundungen absolviert hat

Buddhisten, Bönpos, Jains und Hindus haben den Kailash als den mythologischen Weltberg Meru identifiziert, den zentralen Punkt auf der göttlichen Weltachse, die von den Tiefen der Hölle bis in die Höhen des Himmels reicht. Der Wohnsitz der Götter, dessen Ostseite aus Kristall, die Nordseite aus Lapislazuli, die Westflanke aus Rubin und der Süden aus Gold gedacht ist, gewinnt seine Bedeutung auch als Quellregion der vier Weltenströme, die an seinem Fuß entspringen und für die Fruchtbarkeit der Erde sorgen. Mit dem Indus, dem Brahmaputra, dem Sutlej und dem Karnali, die in der Umgebung des Kailash entspringen, findet sich die geographische Entsprechung, die den Berg zum Meru werden lässt. Und auch den metaphysischen Ursprung des heiligen Ganges denkt sich der Hindu hier. Denn die herabstürzenden Wasser dieses Himmelsflusses würden die Erde zerstören, ließe sie nicht Shiva, um ihre Gewalt abzumildern, durch seine Locken laufen, bevor sie gebändigt zweihundert Kilometer weiter westlich aus einem Gletschertor zutage treten.

Den Kailash zu Fuß zu umrunden gilt als äußerst verdienstvoll. Einmal absolviert, löscht die Umrundung die Sünden eines ganzen Lebens, zehnmal die eines Zeitalters. Nach dem dreizehnten Mal ist es erlaubt, die innere Kora zu begehen, ein Weg, der ganz nah an den Kailash heranführt. Schafft man die heilige Zahl von 108 Umkreisungen, wird man im nächsten Leben als Buddha wiedergeboren. Reine Mechanik nützt dabei gar nichts. Nicht auf die Schnelligkeit kommt es an, sondern auf Glaube und Hingabe, die sich in Gebeten und Opfern ausdrücken. Sagen die einen. Die anderen glauben, dass jede Umdrehung der Gebetsmühle, jedes gesprochene Mantra, jede Niederwerfung den »Speicher« religiöser Verdienste füllt. Als der schwedische Asienreisende Sven Hedin im Jahre 1907 als erster Europäer den Kailash umritt, statt selbst zu laufen, wurde er von allen bedauert: Nicht sein eigenes, nur das Karma seines Pferdes hatte er verbessert. Für den Gläubigen hingegen sind weitere Steigerungen und damit Verdienste möglich. Etwa das Ausmessen der 52 Kilometer langen Runde mit dem eigenen Körper oder die Verlängerung der Kora um eine Umwanderung des Manasarowar-Sees. Das Baden in dessen eiskalten, aber heiligen Wassern, die ebenfalls von Sünden befreien, bleibt allerdings den Indern vorbehalten. Von Tibetern heißt es, sie würden nur einmal in ihrem Leben gewaschen: als frisch geborener Säugling.

Das *Tibetische Totenbuch* bezeichnet den Zustand zwischen Tod und Wiedergeburt als »Bardo«. In dieser Zeit ist alles möglich: der Aufstieg ins Nirwana oder der Abstieg in eine neue Existenz. Es ist eine Periode der Prüfung. Viele Pilger begreifen ihre Wanderung um den Kailash in diesem Sinne und feiern am Ende, nach dem Tod ihres alten Ego am höchsten Punkt der Route, am 5700 Meter hohen Dölma-Pass ihre Wiedergeburt. Dass sich viele der Einheimischen, vom europäischen spirituellen Standpunkt her gesehen, in unziemlicher Hast um den Berg bewegen, die Kora statt in drei Tagen in nur einem hinter sich bringen, hat einen einfachen praktischen Grund: Statt sich mit Zelten, Schlafsäcken und Proviant zu beschweren, läuft der Tibeter ohne Gepäck und daher schnell. Dafür schafft er statt einer drei Umkreisungen.

Einen solchen Berg, den »Nabel der Welt, der unter dem Himmelsrund wie ein Schirm mit acht Stäben aufragt und über der Erde wie ein Lotos mit acht Blütenblättern«, wie es in einem Bön-Text heißt, kann man nicht einfach aufgeben. Lieber passt man sich an. Und so entwickelte die Bön-Religion nach ihrer Niederlage gegen Milarepa eine eigene Überlieferung und erfand sich mit der Person des »Meisters« Shenrab

Kailash-Darstellung
auf einer »Thanka«

einen eigenen Buddha, der lange vor diesem vom Himmel auf die Erde herabgestiegen sei, und zwar auf den Gipfel des Kailash, um die Menschheit zu retten und alle Dämonen zu besiegen. Berg und See seien nicht Teil dieser Welt, sondern Teil des Himmels. Eben deswegen werden sie, als Berg und See der Erleuchtung, als Einzige den Untergang unseres Zeitalters überstehen. Geschickt passten die Bön-Priester die Kailash-Runde der siegreichen buddhistischen Hochreligion an und gestatteten den eigenen Gläubigen die Umkreisung im Uhrzeigersinn. Sie gilt nun als »Runde des Mitleids«, während die gegenläufige als die »Runde der Weisheit« figuriert.

Die Bön-Religion übernahm so viel an Gedankengut ihrer Gegner, dass sie neben den vier offiziellen Schulen des tibetischen Buddhismus als dessen »fünfte Schule« bezeichnet und selbst vom Dalai

Yaks (oben) und
Gebetsfahnen (rechts)
am Beginn der Kora

Lama akzeptiert wird. Zu unserem Glück, denn all jene Erscheinungen, die wir als typische Ausformungen der tibetischen Religion begreifen – die flatternden Wälder von Gebetsfahnen, die Himmelsbestattung der Toten, die vor den Häusern aufgehängten Geisterfallen, die mit Opfergaben behängten Bäume, sogar das von allen Tibetern praktizierte Trankopfer, das darin besteht, mit dem Finger einen Tropfen des genossenen Getränks auf den Boden zu schnippen –, sind alles Relikte des Bön und seines schamanischen Wunderglaubens.

Die Frage seiner Besteigung indes wird auch in Zukunft eine dumme Frage bleiben. Denn beim Kailash geht es nicht um Kondition und Klettertechnik oder darum, als Erster auf seinem Gipfel zu stehen. Er ist – hoffentlich für immer – nicht der Berg des Egos, sondern der Götter. Und denen steigt man nicht auf dem Kopf herum.

Belucha

Die Rache der Götter

Der Gipfel des Belucha gilt als »Shambala«, als Tor zum Himmel. Den Anhängern einiger Sekten ist er heilig: Allen, die den Lehren des russischen Mystikers Porfiri Korneyevich Ivanov folgen sowie den Nachbetern eines gewissen Nikolai Roerich, der durch die Vermischung von orthodox-christlichen und asiatischen Lebensweisheiten berühmt geworden ist.

Die drei Gipfel des Belucha, Altai

Spiegelung im Kutscherla-See

Dieser besondere Berg an der Grenze zwischen Sibirien (Russland) und Kasachstan gelegen, ist ein dreigipfliges vergletschertes Massiv. Der Hauptgipfel, der sich über allem erhebt, eine dreikantige Pyramide, formschön und von allen Seiten schwer zu besteigen. Der Höhenunterschied zwischen den üppigen Tälern und weitläufigen Gletschermassen, die bis zu 3000 Metern aufragen, sowie seine isolierte Lage zwischen zwei Klimazonen, haben dem Belucha den Ruf eingebracht, ein Wettermacher zu sein. Gewitter mit Blitz, Hagel und Stürmen kommen meist unerwartet rasch. Sie sind es auch, die diesen Viereinhalbtausender im südsibirischen Altai-Gebirge zu einem gefährlichen Gipfel machen.

Der *Uch Sumer*, der Dreiköpfige, wie die Einheimischen den Belucha nennen, wird seit Jahrhunderten als heilig verehrt. Von Anhängern der Naturreligionen ebenso wie von eigensinnigen Denkern wie dem aus St. Petersburg stammenden Nikolai Roerich. Der renommierte Künstler, Philosoph und Reisende lebte viele Jahre in Indien, von wo aus er Tibet, China, die Mongolei und Sibirien besuchte. Besonders die Himalayaregion hatte es ihm angetan. Roerich war fasziniert von der Verehrung des Himachal durch die zentralasiatischen Völker und wollte wohl eine ähnliche Anbetung des Belucha im Altai anregen. Ob der unablässige Pilgerstrom zum Berg tatsächlich auf diesen eigensinnigen Denker zurückgeht oder dem aufkeimenden Tourismus im Altai-Gebirge geschuldet ist, vermag ich nicht zu sagen. Wohl aber, dass auch ich mich der besonderen Anziehungskraft dieses Berges nicht entziehen konnte.

Die meisten nähern sich ihm über das Akkem-Tal, ich dagegen wollte ihn gemeinsam mit meiner Frau Sabine und zwei Freunden vom parallel dazu verlaufenden Kutscherla-Tal besteigen. Der See, dem das Tal seinen Namen verdankt, ist eingefasst von Lärchen und Zirbelkiefern. Im Talhintergrund blitzen ein paar verschneite Rinnen zwischen schwarzen Felspfeilern auf. Sie trotzen wie die Gletscher in den nordseitigen Mulden auch den Sommer über der Sonne.

Durch Wiesen mit mannshohem Gras zuerst, immer den Fluss entlang und häufig über sumpfige Waldböden, waren wir in zwei Tagesmärschen bis zu diesem See aufgestiegen, die Lasten auf ein paar Achal-Tekkiner-Pferde verteilt, die zu den ausdauerndsten ihrer Art zählen. Nun bauen wir im Schatten zweier hochgewachsener Zirbelkiefern, zwei Pferdelängen vom Ufer entfernt, unsere Zelte auf. Zwei Nächte wollen wir hier bleiben, Ausflüge machen, den langgezogenen Kutscherla entlangrudern, lesen. Am Abend noch zieht eine erste Gruppe von Wandernden an uns vorbei: eine kleine, feingliedrige Frau, ein paar ernst blickende junge Männer, eine Kinderschar im Schlepptau. Sie gehen schweigend und barfuß und alle, bis auf die Kleinsten, schleppen schwere Rucksäcke.

Die große Familie – oder war es eine kleine Kommune? – schlägt später zwei Steinwürfe von uns entfernt ihr Lager auf. Zelte werden aufgebaut, mit Plastikplanen zugedeckt, eine Feuerstelle wird eingerichtet, Holz geholt. Als wir unseren Nachbarn einen Besuch abstatten, ist alles ganz still: eine Stimmung wie in der Kirche. »Wir sind hier, um den Punkt der Ruhe zu finden«, sagt die zierliche Frau auf meine Frage, was ihr Ziel sei. Dann zeichnet sie mit der Rechten Schlangenlinien in die Luft: »Das Leben ist wie eine Sinuskurve. Wir wollen den Moment ganz unten festhalten, ausschwingen, bleiben.« Und nach einer kurzen Pause fügt sie hinzu:

»Wenn wir alle um diese Ruhe bemüht wären, ginge es der ganzen Menschheit besser.«

Ich will wissen, welche Rolle der Belucha dabei spielt und ob der Lagerplatz aus einem bestimmten Grund gewählt wurde: »Wie dieser Platz ist auch der Gipfel des Belucha ein ganz besonderer Punkt auf unserer Erde. Ähnlich den Akupunkturpunkten beim Menschen. Die Erde ist wie der Mensch – dieselben Gesetzmäßigkeiten, dieselben Rätsel.« Dieser letzte Satz scheint minutenlang zwischen uns zu schweben. Keiner, auch nicht die vier Männer aus ihrer Gruppe, regt sich. Alle blicken in das Gesicht dieser Erleuchteten, warten auf ihre nächsten Worte. »Wir waren keine Gruppe, als wir losgingen«, fährt sie schließlich fort, »wir kannten uns nicht, kommen alle aus unterschiedlichen Gegenden, aus Wolgograd,

Auf dem Weg zum
Belucha

aus der Ukraine. Es waren Zeichen, die uns zusammengeführt haben. Unser aller Leben richtet sich an Zeichen aus. Hier, am Kutscherla, finden die Menschen zueinander.« Ich sehe sie fragend an, aber sie beachtet mich gar nicht: »Früher reiste ich öfters in den Kaukasus. Dort kenne ich einen Ort, wo Neues entsteht und Ideen klar werden wie Kristall.«

»Wo ist dieser Punkt?« Auch diesmal erhalte ich keine Antwort, sie lächelt nur. »Und was ist mit dem Belucha?« – »Shambala! Dieser Berg gehört zu den seltenen Orten, wo Menschen dem Göttlichen begegnen. Ein Tor zum Jenseitigen.«

Beim Schlafengehen denke ich noch einmal über das nach, was die junge Frau gesagt hat. Respekt und Skepsis halten sich die Waage. Es ist nie meine Art gewesen, andere Lebenshaltungen, andere Ansichten zu belächeln oder gar zu verurteilen. Auch wenn ich jede Art von Esoterik ablehne, bemühe ich mich um Respekt.

Am Tag darauf brechen wir auf. Vom Kutscherla geht es ins östliche Paralleltal. Unterwegs treffen wir russische Bergsteiger, die uns versichern, dass das Wetter stabil bleiben wird. Sie fragen, ob sie sich uns anschließen können, um den höchsten der drei in gleißendem Licht vor uns liegenden Firngipfel hinter der mächtigen Eisbarriere im Talschluss zu bezwingen. Gemeinsam überqueren wir im Talboden einige Bäche, dann steigen wir zuerst über Randmoränen und weiter über Gletscher zu einer ersten Biwakstelle auf, wo eine halbfertige Hütte steht. Sie ist winzig klein und alles andere als einladend, dennoch bleiben wir über Nacht.

Im Morgengrauen geht es über sulzigen Gletscherschnee zu einer Eiswand hinauf. Nach der Randspalte klettern wir am Seil weiter und erreichen einen Pass, hinter dem eine gigantische Gletschermulde liegt – alles umrahmt von Eisbergen, dahinter nochmals Eisberge. »Unseren« Berg, den Hauptgipfel des Belucha, sahen wir nicht mehr. Er ist versteckt hinter einer Reihe von Vorgipfeln, die es anderntags zu umgehen gilt. Wir marschieren den Gletscherboden vor uns abwärts, am Gegenhang wieder hinauf, um so einen zweiten Pass im Südosten des Belucha zu erreichen. Der Weg auf diesen »heiligen Berg« führt – ähnlich wie am Kailash in Tibet – in einem ständigen Auf und Ab spiralförmig um das ganze

Massiv und so immer näher an den Gipfel heran. Wer wie wir im Nordwesten des Belucha aufbricht, kann nur über den Südwestgrat an den höchsten Punkt gelangen. Wir schlagen unser Lager an jenem zweiten Pass auf. Der Ort scheint sicher, geschützt vor Steinschlag und Lawinen. Nachts rüttelt der Wind zwar heftig an den Planen, aber bei Sonnenaufgang ist alles wieder ruhig.

Am nächsten Morgen stapfe ich langsam höher, trete meine Spur in den Schnee. Die anderen folgen. Nach links oben steigend, strebe ich ein Plateau an, hinter dem der dritte Pass liegen müsste – das Tor zum Gipfel. Aber noch bevor wir das Plateau erreichen, kommt Nebel auf. Die Schwaden wabern von allen Seiten und so schnell an uns heran, dass uns schwindelt. Als ob alles um uns herum Abgrund wäre. Abbrechen wollen wir nicht, unsere Spur zurück ins Lager ist noch zu erkennen – trügerische Sicherheit. Wir warten ab, vielleicht lichtet sich der dichte Nebel wieder.

Kurz darauf schließen unsere russischen Freunde zu uns auf. Einer von ihnen weist nach rechts, dort sei der Weiterweg, nicht links, wie ich angenommen habe. Ich steige voraus, im Gänsemarsch überklettern wir eine erste Randspalte, vor einer zweiten bleibe ich stehen. Ein heftiger Wind setzt ein und es beginnt zu graupeln. Keine drei Meter Sicht. Im Nebel erkenne ich plötzlich eine dunkle Schräge ein Paar Schritte rechts über mir. Keine Kante, auch kein Spaltenrand, sondern ein 45° Grad ansteigender Schneegrat. Der Gipfelgrat! Mit meinen Steigeisen tanze ich ein paar Meter weit aufwärts, immer in gebührendem Abstand vor dem Abgrund auf der anderen Seite. Alle folgen. Der Weg über Eis und Schnee geht gut, höher oben stoßen wir auf Felsen. Seillänge um Seillänge klettern wir höher, an Grattürmen vorbei, immer weiter in den Nebel hinein. Alte Seilschlingen, Haken, Spuren von Steigeisen auf glatten Felsplatten zeigen: Wir sind auf dem richtigen

Das Altai, ein in Europa und Amerika fast unbekanntes Bergland im zentralen Asien, liegt im Vierländereck, wo China, die Mongolei, Kasachstan und Russland aneinandergrenzen. Der höchste Berg im Altai, der Belucha am Akkem-See, ist für die Schamanen vor Ort ein heiliger Berg. Seine Eis- und Felswände, die ihn umgebende völlig unberührte Urlandschaft fern jeder Zivilisation, sind wie ein Spiegel menschlicher Geheimnisse.

Reinhold Messner

Meine Frau Sabine
unterhalb des Gipfels

Weg. Alles erscheint so klar, der Weiterweg selbstverständlich, den gesicherten Abstieg im Hinterkopf, die viele Zeit, die uns verbleibt bis zum Abend. Also aufwärts! Nach acht Seillängen erreiche ich einen Felszacken, darüber erhebt sich ein Schneekegel. Der Gipfel!

Sabine und ich gehen voraus. Der Wind peitscht uns ins Gesicht, das Schneetreiben wird dichter. Plötzlich gibt es keinerlei Orientierungspunkte mehr. Wie verloren stapfen wir über ein hartgefrorenes, nahezu ebenes Schneefeld, schauen uns um. Wo geht es weiter? Wo zurück? Von woher waren wir gekommen? Wenn wir auf der Gipfelabdachung stehen, wo beginnt der Abgrund? Wenn wir knapp unter dem Gipfel stehen, wo die letzte Graterhebung? Selbst der Weg zurück ist im Nebel verschwunden. Keine Steigeisenspur im Hartschnee, kein Stein, nichts.

Das war kein Tor zum Himmel, wenigstens nicht für uns! Eher schon standen wir am Tor zur Hölle. Zweifel, Angst, Panik! Als Wolfgang aus dem Nebel auftaucht, atme ich auf. »Bleib stehen«, brülle ich gegen den Sturm an. »Wir müssen zurück!« Zum Glück hängt Wolfgang noch am Seil, Stück für Stück und sehr langsam gelangen wir tiefer. Unten aber, nahe dem Plateau, wo wir am Morgen in den Nebel geraten waren, ist

unsere Aufstiegsspur nicht mehr zu finden. Wir gehen nach links, nach rechts und wieder zurück – nichts! Es regnet jetzt, der Sturm treibt uns das Wasser unter die Schneekleider, als Seilerster kann ich keine fünf Fuß weit sehen. Eine gefährliche Situation. Bei jedem Versuch, auf dem direkten Weg abzusteigen, bleiben wir stecken. Einmal klafft der Abgrund einer Spalte vor mir auf, ein anderes Mal hält uns eine Eiswand auf. Zu steil, als dass wir sie überwinden könnten.

Als unvermittelt für einen kurzen Moment die Sonne durch den Nebel bricht, ist es wie ein Wunder. Wie durch ein Loch starren wir in die Tiefe, in einen schwarzen Krater. Mehr als 1000 Meter unterhalb liegt unser Lagerplatz. Rechts davon Felsen, unsere Orientierungshilfe beim Aufstieg. Wir müssen also in einem großen Bogen nach links, weit nach links. Der Schnee ist jetzt sulzig, jeder Schritt dreifach anstrengend, dazu kommt die Lawinengefahr. Endlich stoßen wir auf unsere Aufstiegsspur. Gerettet? In großen Sätzen laufen wir den Hang hinab.

Als wir uns unserem Lager nähern, sehen wir, dass auch hier der Sturm gewütet hat. Keines der Zelte steht mehr! Meines ist aus den Verankerungen gerissen und umgestülpt. Es hängt kopfüber mit einer zerbrochenen

Stimmung nach dem Sturm am Belucha

Stange an zwei Skistöcken, die ich zur weiteren Befestigung in den Schnee gerammt hatte. Im Innern ist alles durch und durch nass, auch die Schlafsäcke. Die beiden anderen Zelte finden wir weiter talwärts, ineinander verheddert über einer Spaltenbrücke. Eine Isomatte fehlt, zwei Schlafsäcke graben wir aus dem Schnee. Wir bauen das Lager wieder auf und bleiben. Ein weiterer Abstieg ist wegen des dichten Nebels unmöglich.

Es folgt nun ein Unwetter auf das andere – 24 Stunden lang. Mit infernalischer Kraft knallt der Sturm das Regenwasser an die Zeltwände. Es blitzt, donnert, kracht in einem fort. Dann hagelt es und danach ist die Zeltwand über uns zu einem Eispanzer erstarrt. Wir liegen in den Schlafsäcken, frierend, nass, verunsichert. Lange würden Zelte, Körperwärme und der letzte Rest an Zuversicht nicht mehr halten. Und niemand, der uns aus der misslichen Lage herausholen würde. Bevor ich wegdämmere, frage ich mich, ob es die Rache des Belucha wirklich gibt ...

Erst am nächsten Nachmittag ist die Flucht nach unten ins Basislager möglich. Nur ein paar Stunden lang weichen die Nebel aus den Tälern, einen kurzen Augenblick huscht ein Sonnenstrahl über die unberührten Schneeflächen. Dann wieder Dämmerlicht und Regen und Blitz und Sturm und keinerlei Sicht. Aber wir kommen irgendwie durch und schaffen es ins Tal.

Ein paar Tage später steige ich im Dunkeln hinauf zu Schloss Juval. Jeden Tritt kenne ich hier, ich kann es kaum erwarten, mein Zuhause aufzuschließen. Ein paar Meter noch auf der Burgmauer, dann ist es geschafft. Auf einem nassen Stein gleite ich aus und knalle aus drei Metern Höhe in den felsigen Innenhof: Ein offener Trümmerbruch des rechten Fersenbeins ist die Folge, mein Leben als Fußgänger abrupt unterbrochen. »Die Rache des Belucha!«, würden Esoteriker sagen. Meine eigene Dummheit, folgere ich.

Oh, Ak-yaeek! Weißer Gott auf dem silbernen Thron des Belucha!
Du sendest die kristallenen Strahlen auf die Erde, um die blühenden Felder
deiner treuergebenen Söhne zu bewässern!
Du strafst die Ungläubigen mit einer Peitsche aus Blitzen gewoben!
Alte Anrufung der Bergbewohner

Nikolai Roerich mit einer tibetischen Statue

Nikolai Roerich und die verborgene Bruderschaft

Der russische Maler Nikolai Roerich, der mit seiner Frau Helena im August 1926 zum Dörfchen Werchni Uimon am Fuße des Belucha abstieg, war mit großen Plänen in diese Einöde gekommen. Er plante nichts Geringeres als die Gründung der Hauptstadt eines Staatenbundes, den es noch gar nicht gab.

Roerich (1874 – 1947), dem im zaristischen Russland eine steile Karriere im Kulturbereich geglückt war, die ihn bis zum Direktor der St. Petersburger Kunstschule hatte aufsteigen lassen, war nach Ausbruch der russischen Revolution 1919 zunächst nach London und von dort, fast mittellos, mit seiner Familie in die USA emigriert. Als Maler hatte er es mit seinen Bildern zu internationaler Bekanntheit gebracht und seine Initiative zum Schutz von Kulturgütern im Kriegsfall (»Roerich-Pakt«) sollte ihn später sogar auf die Kandidatenliste des Friedensnobelpreises befördern. Doch im Land der unbegrenzten Möglichkeiten tat er sich – wie so viele aus der ehemaligen Führungsschicht des Zarenreiches – schwer, an seine Erfolge anzuknüpfen.

Nach einem harten Jahr, in dem Helena Roerich zum ersten Mal in ihrem Leben gezwungen war, selbst zu putzen und zu kochen, kam die Rettung in Gestalt des Börsenmaklers Louis Horch. Der reiche Amerikaner kaufte dem produktiven Maler (Roerichs Œuvre zählte am Ende seines Lebens über 7000 Bilder) seine Werke zu nobelsten Bedingungen ab, richtete ihm ein Museum ein und finanzierte all seine großen Reisen.

Es war aber nicht die Kunst allein, die Horch an Roerich und dessen Frau faszinierte. Vielmehr war das Paar imstande, Kontakte zu einer geheimen Bruderschaft herzustellen und Botschaften von ihr zu empfangen. Tief verborgen vor der immer mehr in Egoismus, Oberflächlichkeit und Machtstreben versinkenden abendländischen Zivilisation stellten diese »Meister der Weisheit« die eigentliche Weltregierung dar und strebten mit langem Atem und gestützt auf ausgewählte Personen ihr eigentliches Ziel an: eine friedliche, in Liebe verbundene und spirituell aufs Höchste entwickelte Menschheit.

Es war 1920 in London gewesen, als Helena Roerich zweien dieser Meister, Mahatma Morya und Kut Humi, persönlich begegnet war, und seitdem war die Verbindung zu ihnen immer intensiver geworden, die Verständigung untereinander von Mal zu Mal leichter. Beginnend mit Klopfzeichen bei den regelmäßig stattfindenden Séancen, über »automatisch« eingegebene Briefe und Zeichnungen, wurde schließlich ein Zustand der Gedankenübertragung erreicht, in dem die Botschaften dieser »Mahatmas« genannten Weisen direkt, sozusagen als innere Stimme, an das Medium Helena Roerich übertragen wurden.

Die Mahatmas bekannten sich zwar zum Buddhismus und praktizierten Yoga, standen aber über den einzelnen Religionen, die sie nur als Teile eines großen Ganzen begriffen. Sie lebten irgendwo in Tibet, im Königreich Shambala, später besser bekannt als Shangri-La, damals Sehnsuchtsland aller, die fest davon überzeugt waren, dass neben der physischen Welt unserer Erfahrung noch eine zweite, geistige existierte, die der ersteren überlegen war und diese transzendierte. Die beiden Mahatmas, die den Kreislauf der Wiedergeburten längst hinter sich gelassen hatten, konnten Helena Roerich sogar genau mitteilen, wer sie in ihren früheren Leben gewesen war. So sei sie einst die Pharaonin Hatschepsut, die Kaiserin von Mexiko und die Ehefrau von König Salomo sowie des Mogulkaisers Akbar gewesen. Ihr Mann Nikolai hatte ebenfalls eine Reihe beeindruckender Inkarnationen aufzuweisen, die von einem chinesischen Kaiser des dritten Jahrhunderts vor Christus bis zu einem Dalai Lama des 17. Jahrhunderts reichte. Sponsor Horch hatte – immerhin – ein Leben als Sohn des ersten chinesischen Kaisers hinter sich. Dass der ausgesprochen kühle, pedantische und rationale Kaufmann uneingeschränkt an die »Seher«-Fähigkeiten des Ehepaars Roerich glaubte, hatte sicher auch mit den unerklärlichen Phänomenen zu tun, die sich vor Zeugen während der Séancen ereigneten: So schwebten schwere Tische in der Luft, drehten sich oder zeigten mit den Füßen nach oben. Eine Botschaft des Mahatma Morya, übermittelt durch Helena Roerich, in der sich der weise Mann bei Horch für die gewährte Hilfe bedankte, festigte das Vertrauensverhältnis.

1921, die Roerichs lebten bereits in den USA, hatte Morya das Ehepaar eingeladen, ihn im Himalaya zu besuchen, wo ihnen der »Stein der Weisen« überreicht werden sollte. Und mehr noch: Morya prophezeite Roerich die Übernahme einer führenden Rolle in der alten Heimat, die sich seit dem Sturz der Monarchie in einer Phase des Umbruchs befand: »Du Roerich, der Auserkorene, der überall Licht ausstrahlt, wirst der Menschheit das Tor zum ewigen Licht öffnen und gedeihen wird deine Arbeit.«

Die Reise nach Indien, die Nikolai und Helena schließlich im November 1923 von Europa aus antraten, führte sie zunächst über Paris nach London. Dort empfing Roerich per Briefpost ein Päckchen von Mahatma Morya, das einen schwarzen Meteoriten enthielt. Die übersinnliche Kraft dieses »Grals«, wie ihn der Wagner-Verehrer Roerich nannte, verfing allerdings bei den Briten nicht. Die Bitte, über Sikkim nach Tibet einreisen zu dürfen, wurde abgelehnt. Stattdessen erhielten sie die Erlaubnis, weit im Westen den Weg durch Kaschmir und Ladakh über die hohen Pässe des Karakorum hinüber in die chinesische Provinz Xinjang (Ostturkestan) zu nehmen. Von deren Hauptstadt Urumtschi aus, so Roerich gegenüber den britischen Behörden, wolle er durch die Innere Mongolei über Peking zurück in die USA. Aber das hatte er nie vor.

Dass die Briten und auch der Dalai Lama keine Ausländer – und schon gar keine Russen – in Tibet haben wollten, hatte seinen Grund in den enormen politischen Spannungen, die sich durch den Zusammenbruch des russischen und des chinesischen Kaiserreichs in dieser Region aufgebaut hatten. Die chinesische Zentralmacht war zerfallen, einzelne Provinzen hatten sich abgespalten und die Sowjets, in Fortsetzung der Expansionspolitik der früheren Zaren, hatten bereits die äußere Mongolei, nominell noch ein unabhängiger Staat, unter ihre Kontrolle gebracht. Tibets Funktion als Pufferstaat zu erhalten, um damit die Sicherheit von Britisch-Indien zu gewährleisten, war daher oberstes Gebot der englischen Krone.

Um die Lage noch mehr zu verkomplizieren, hatten sich die Anhänger der beiden größten Autoritäten des Landes – der Dalai Lama und der Pantschen Lama – in bürgerkriegsähnliche Kämpfe verstrickt, die zu einer Flucht des Pantschen Lama nach China führten. Die gewalttätigen Auseinandersetzungen in Tibet und den angrenzenden Landstrichen förderten in der Bevölkerung eine Endzeitstimmung, in der die alten Prophezeiungen von der Wiederkehr des sagenhaften »Gesar«, des tibetischen Helden in Notzeiten, oder der bevorstehenden Ankunft von Rigden Dschapo, 25. König von Shambala, an Kraft gewannen. Rigden Dschapo, so die Überlieferung, werde als Retter erscheinen, wenn die Welt im Chaos versinkt. Sogar ein neuer Buddha, der Buddha Matreya, als Weltenlehrer und Schöpfer einer besseren Zukunft vorausgesagt, schien sein Kommen anzukündigen.

In dieser unübersichtlichen Situation meldete sich Mahatma Morya mit einem Plan, der seine Prophezeiung von 1921 konkretisierte. Roerich, »Öffner des Tors zum ewigen Licht«, sollte zusammen mit dem Pantschen Lama Tibet erobern und einen »Heiligen Bund des Ostens« gründen, der alle buddhistischen Gebiete, also auch die gesamte Mongolei, einschließen solle. Im Altai, am Fuß des Belucha, sei die künftige Hauptstadt Swenigorod zu erbauen; außerdem seien zwei Tempel auf 2300 Metern Höhe direkt oberhalb der Baumgrenze zu errichten: ein Tempel des Geistes und einer zu Ehren der »Mutter der Welt«. Für Letzteren war Helena Roerich als Priesterin vorgesehen. Zu einem bestimmten Zeitpunkt wollten die Mahatmas höchstpersönlich erscheinen – gleich unterhalb des Gipfels, in 4000 Metern Höhe.

Morya hatte auch an praktische Dinge gedacht: Arbeitskräfte für die Bauvorhaben gebe es genügend vor Ort. Waren doch die »Altgläubigen«, die sich im 17. Jahrhundert von der russisch-orthodoxen Kirche abgespalten hatten, in großen Scharen in den Altai ausgewandert. Auf der Suche nach *Belowode* (Weißwasser), einem paradiesischen Land, das laut Morya nichts anderes sei als Shambala. Um den neuen Staat ins Leben zu rufen, genüge es, die Flagge Buddhas zu entfalten. Freiwilligenbataillone aus Russen, Kirgisen, Burjaten, Kasachen und Mongolen würden zusammenströmen, um diesen »geistigen Neubeginn zu begründen«. Mit einiger Plausibilität vermutet Roerich-Biograph Ernst von Waldenfels, Roerich selbst habe Rigden Dschapo seine angedachte Position streitig machen wollen und als 25. König von Shambala – »der aus dem Norden kommt und der ganzen Welt Rettung bringt« – auftreten wollen. Doch als Nikolai und Helena Roerich ihr Ziel am Fuße des Belucha erreichten, stellten sich weder die prophezeiten Bataillone an Arbeitswilligen noch die Mahatmas ein. Die befragten Altgläubigen wuss-

Nomaden in der mongolischen Steppe

ten zwar von »Weißwasser« zu erzählen, sie berichteten sogar von einem Reich unter der Erde namens Agarti. Leider kannten sie weder die genaue Lage des ersteren, noch den Eingang zum zweiten. Nur eine von Morya verkündete Prophezeiung scheint – denkt man an Reinhold Messners Erlebnis mit den Roerich-Anhängern – offenbar in Erfüllung gegangen zu sein: Der Berg werde diejenigen, die das Gemeinwohl suchen, zufriedenstellen.

Nicht in Erfüllung dagegen ging Roerichs Plan, von der Sowjetunion eine Konzession für Landerwerb und den Abbau von Bodenschätzen zu erhalten. Eine Aktiengesellschaft, die Belucha AG, war bereits gegründet, dank Louis Horch hätte es an Geld nicht gefehlt, und der Börsenmakler und die Roerichs hatten sich auch schon zu Direktoren ernannt. Doch schnell wurde klar, dass die Sowjets Roerichs Utopia auf ihrem Grund und Boden nicht akzeptieren würden. Da nützte es auch nichts, in Moskau dem Staatssekretär für Auswärtige Angelegenheiten eine Schatulle mit heiliger Erde aus dem Himalaya zu übergeben, ihm die Hilfe der Mahatmas bei der »unausweichlichen Vereinigung« Asiens unter sowjetischer Führung zu versprechen und einen Brief der »Meister der Weisheit« zu überreichen, in dem die Errungenschaften der Revolution, die Abschaffung der Kirche und des Privateigentums, die Aufhebung der Klassenschranken, die Vernichtung der kapitalistischen Profitgier und der verlogenen bürgerlichen Kaste als »Evolution der Gemeinschaft« gelobt wurde. Buddha habe eine kommunistische Gemeinschaft gegründet, Christus die kommunistische Gesellschaftsordnung gepredigt, Lenin sei nur die logische Fortsetzung dieses Strebens, hatte Roerich formuliert.

Nikolai Roerich als überdrehten Spinner und Schnorrer abzutun greift zu kurz. Er war zu diesem Zeitpunkt ein international anerkannter Maler, das 1923 eingeweihte Roerich-Museum in bester Lage Manhattans war neben dem des Bildhauers Auguste Rodin in Paris das bis dahin einzige, das nur einem Künstler gewidmet war. Roerich wurde vom indischen Literaturnobelpreisträger Rabindranath Tagore eingeladen, der spätere Präsident des Landes, Jawaharlal Nehru, besuchte ihn und er traf sich mit dem als »neuen Buddha« gefeierten Philosophen Jiddi Krishnamurti. Auch der britische Vizekönig empfing ihn, in Paris der französische Staatspräsident und in Berlin der sowjetische Botschafter. In den dreißiger Jahren wird er den amerikanischen Vizepräsidenten Henry Wallace beeindrucken, und Präsident Franklin D. Roosevelt, mit Briefen der Mahatmas zur politischen Weltlage versorgt, ratifizierte am 15. April 1935 den bereits erwähnten »Roerich-Pakt«. Die Botschaften der Mahatmas, von Helena Roerich in fünfzehn Einzelbänden herausgegeben, begründeten eine eigene »geoffenbarte« Ethik / Religion, das *Agni-Yoga*, in der Roerich die Rolle eines Propheten, wenn nicht gar eines Messias des kommenden goldenen Zeitalters menschlicher Evolution einnahm.

Natürlich erscheint es im Nachhinein völlig illusorisch, dass sich Roerich, getrieben von den Mahatmas und in völliger Überschätzung seiner eigenen Möglichkeiten, anmaßte, im Spiel der Großmächte um die Verteilung der Pfründe in Asien eine führende Rolle spielen zu können. Zwei weitere derartige Versuche, 1934 in der Mandschurei und 1935 in der Mongolei, scheiterten genauso kläglich wie das Belucha-Abenteuer. Aber es gab jemanden, dem das einige Jahre zuvor – wenn auch nur für kurze Zeit – tatsächlich gelungen war: Roman von Ungern-Sternberg, ein baltendeutscher Baron und zaristischer Offizier.

Als die Rote Armee 1920 Sibirien eroberte und die Truppen der »Weißen« unter Admiral Koltschak in Richtung Pazifik flüchteten, setzte sich der Baron mit der von ihm kommandierten »Asiatischen Division« nach Süden ab, befreite die Mongolei von den dort einmarschierten Chinesen und setzte den bisherigen Herrscher des Landes, den Bogd-Gegeen, die dritthöchste religiöse Autorität nach dem Dalai Lama und dem Pantschen Lama, wieder ein. Ungern-Sternberg – vielsprachig, hochgebildet und ein ausgezeichneter Reiter – wurde von den begeisterten Mongolen zum Oberkommandierenden ihrer Streitkräfte ernannt. Er wütete grausam gegen alle des Bolschewismus Verdächtigen und die Juden, bekannte sich aber zum Buddhismus, trug die einheimische Tracht und proklamierte die Vereinigung aller Mongolen in einem Zentralstaat. Einer seiner wichtigsten Untergebenen war Wladimir Roerich,

Nikolais jüngerer Bruder, der die Versorgung der Truppen organisierte. Im Briefkontakt mit ihm stehend, war Nikolai deswegen bestens über die Lage in Innerasien informiert.

In den Mahatmas und Tibet wiederum konzentrierten sich Projektionen, die schon im 19. Jahrhundert eine große Schar von begeisterten Anhängern gefunden hatten. Begonnen hatte alles – nicht wie man denken könnte, in den Kreisen esoterischer Freimaurer, Kabbalisten und Rosenkreuzer – mit dem Aufklärer Immanuel Kant. Der hatte in seiner *Physischen Geographie* über Tibet geschrieben, es könne »der Stammsitz aller Cultur und Wissenschaften« sein, wurde »wahrscheinlich früher als irgend ein anderes Land bewohnt ... und die Gelehrsamkeit der Inder rührt mit ziemlicher Gewissheit aus Tibet her«. Noch *Meyers Conversations-Lexicon* von 1853 vermutet dort den »Ursprung des Menschengeschlechts«. Aufgrund seiner Höhe und Abgeschiedenheit eignete sich Tibet auch vorzüglich für die These, hierher hätten sich einige Bewohner des sagenhaften Kontinents Atlantis gerettet, der durch eine kosmische Katastrophe vernichtet worden sei. Die Überlebenden, ausgestattet mit überragenden mentalen und physischen Fähigkeiten, hätten ihr Geheimwissen »von allem was war, ist oder je sein wird« mit nach Tibet gebracht und es in Form »lebender Bilder« (die allerdings nur von den Augen Eingeweihter wahrgenommen werden können) in einer gigantischen »Bibliothek des Weltwissens« gespeichert. Ihre Nachfahren, »Weiße Bruderschaft« oder »Meister der Weisheit« genannt, arbeiteten seit Jahrtausenden am Wiederaufstieg der Menschheit zu neuen spirituellen Höhen.

So berichtet es jedenfalls die wie Helena Roerich aus altem russischem Adel stammende Helena Petrovna Blavatsky (1831–1891) in ihren Büchern *Isis entschleiert* und *Die Geheimlehre*, die 1877 und 1888 in New York erschienen. 1856 und 1868, so berichtet sie, sei sie nach Tibet gereist, hätte dort mehrere Jahre als Schülerin dieses Geheimbunds gelebt, Sanskrit gelernt und sei in die Geheimnisse des tibetischen Buddhismus eingeweiht worden. Die Aufforderung, sich nach Tibet zu begeben, habe ihr 1851 Mahatma Morya in London übermittelt. Genau an der gleichen Stelle übrigens, an der er 69 Jahre später Helena Roerich erschienen sein soll. Und wie er dieser die Schriften des *Agni-Yoga* diktierte, so übermittelte er jener *Die Geheimlehre*.

Was ebenso verblüfft: Die Karrieren beider Frauen verliefen beinahe identisch. Auch Helena Blavatsky betrat den Boden der USA als armer Flüchtling und schlug sich mehr schlecht als recht als Medium bei Séancen durch. Erst die Gründung der »Theosophischen Gesellschaft« (TG) im Jahr 1875 machte »Madame Blavatzky«, wie sie sich in den USA nannte, zu einer Institution. Die Gesellschaft hatte erfolgreiche Ableger in allen europäischen Ländern und im indischen Madras (Adyar), das später zum Hauptsitz der TG avancierte. Zweck der Gesellschaft sei es, »das Wissen über die Gesetze, welche das Universum beherrschen, zu sammeln und zu verbreiten«. In allen Religionen scheine eine verborgene Weisheit auf, die es zurückzugewinnen gelte. Ziel der Theosophen sei es, eine universale Bruderschaft der Menschheit durch spirituelle Evolution zu begründen. Die Roerichs traten wahrscheinlich bereits 1908, spätestens 1920 in die Theosophische Gesellschaft ein. Helena übersetzte Blavatzkys *Geheimlehre* ins Russische. Der überragende Einfluss, den die Gedanken der Theosophen auf das abendländische Geistesleben und speziell auf Künstler ausübten, litt auch nicht darunter, dass man Helena Blavatzky vorwarf, die Botschaften der Mahatmas selbst geschrieben zu haben. In Indien, wo das Streben nach Unabhängigkeit stärker und stärker wurde, schätzte man das entschiedene Eintreten der Theosophen für die Gleichberechtigung der indischen Kultur als Beitrag zum antikolonialen Kampf. In den USA und Europa faszinierte das schier unbegrenzte Entwicklungspotential, das sie der Menschheit jenseits rein materieller Ziele attestierten, genauso wie die metaphysische Weltsicht, die versprach, Wissenschaft, Religion und Philosophie in einer neuen Synthese miteinander zu verbinden.

Die Vorstellung, diese Ideen könnten im sibirischen Altai am Belucha konkrete Gestalt annehmen, erscheint uns fern jeder Realität. Für Roerich und viele seiner Anhänger waren sie keine Vision, sondern eine wirkliche Möglichkeit.

Gunung Agung

Heiliger Berg im Nichts

20 000 registrierte Tempel gibt es auf der indonesischen Insel Bali. Sie liegen direkt am Meer, mitten im Wald, auf Anhöhen. Oft stehen sie allein und alle sind von einer mystischen Aura umgeben: Götterskulpturen unter tausend Jahre alten Bäumen mit gewaltigen Luftwurzeln, die bedeutendsten am Fuße des Gunung Agung, des heiligen Bergs der Balinesen.

Gunung Agung, Bali

Opferturm aus Reis im Tempel von Pura Besakih

Der Gunung Agung, knapp 3200 Meter hoch, und damit der höchste Berg auf der indonesischen Insel Bali, gilt als Thron und Wohnung Shivas. Und auch als Zentrum des Universums, als Mittelpunkt der Weltharmonie. Alles auf der Insel richtet sich am Gunung Agung aus: Gebet, Andacht, Orientierung. Die Blickrichtung der Balinesen, wo immer auf der Insel sie leben mögen, führt nach oben, zum Berg: Das Positive erscheint als eine zum Himmel hin verlaufende Linie. Unten, im Dunkeln, liegt das Negative, dort hausen menschenfeindliche Dämonen.

Bali, eine der kleinen Sunda-Inseln im Indischen Ozean, liegt im Süden Indonesiens, zwischen Java im Westen und der Insel Lombok im Osten. Obwohl dicht besiedelt, gilt sie als »Insel des Glücks«, als Paradies: Auf unzähligen terrassierten Hängen werden Reis, Zuckerrohr, Kaffee, Tabak, Obst und Gemüse angebaut. Reis, das Grundnahrungsmittel, gilt als Geschenk der Götter. Fünf Mal am Tag wird den Göttern geopfert – an den Reisterrassen, am Straßenrand, an den Altären der Häuser. Überall sieht man Opfergaben: Reis, Feldfrüchte, Blumen. Als ob die Götter immerzu gnädig gestimmt werden müssten, als ob man das überhaupt könnte, bei der Vielzahl der Götter, die es zu besänftigen gilt. Es ist ein ganzer Götterkosmos, entstanden im Laufe der Zeit. Im 16. Jahrhundert, als in Indonesien der Islam den Hinduismus »besiegte«, blieb Bali dessen letzte Bastion im Inselreich. Der Hinduglaube hatte sich längst mit den Vorstellungen der Ureinwohner vermischt, die geprägt sind von Ahnenverehrung und Naturglauben. Die Kräfte der Natur und die Beseeltheit allen Lebens prägen ihr Weltbild. Ergänzt um den Buddhismus, der zum Hinduismus später hinzukam, ist eine einzigartige Religionsform entstanden: der Hindu-Dharma-Glaube mit animistischen Wurzeln.

Der Gunung Agung galt bereits vor der Einführung des Hinduismus als heiliger Berg, als Sitz der Geister der Ahnen. Heute ist er Hort der Götter und potentieller Vernichter zugleich. Denn der Gunung ist ein tätiger Vulkan, vom Volk mit Ehrfurcht und tiefer Verehrung zugleich betrachtet, ein Ort der Erhabenheit und Zerstörung. An seiner Südwestflanke befindet sich die Tempelanlage von Pura Besakih, die als »Mutter« aller balinesischen Tempel bezeichnet wird. An ihrer Stelle stand in alten Zeiten bereits ein Heiligtum zur Verehrung des Berges. Der Tempel selbst wurde vermutlich im 8. Jahrhundert gegründet und seitdem um immer neue Pavillons und Schreine erweitert.

Es gibt drei große Bezirke in der Anlage, was die Dreiteilung von oberer, unterer und mittlerer Welt widerspiegelt. Das Meer ist die dunkle, die untere Welt. Zwischen ihr und der oberen Welt der Gipfel liegt die Waldregion. Auch die hinduistische Göttertrinität Brahma-Shiva-Vishnu wird durch die Dreiteilung des Tempels gespiegelt.

Vorbereitungen für ein Tempelfest auf Bali

Der Komplex ist einer der Ausgangspunke für die Besteigung des heiligen Berges, der von Süden, Südosten und Westen aus erklommen werden kann. Der leichteste der Wege endet am Kraterrand, der Gipfel bleibt unerreichbar angesichts der vielen Abgründe, die sich vor dem Wanderer auftun. Auch über die Westroute von Pura Besakih aus ist der Berg an sich nicht schwer zu erklimmen. Logistisch und konditionell aber stellt er hohe Anforderungen an alle Pilger. Ich brach mitten in der Nacht auf und kletterte stundenlang über Wurzelwerk und Felsen durch feuchten Regenwald die Südwestflanke des Gunung Agung nach oben. Einen vergleichbar steilen Anstieg habe ich weder in den Alpen noch im Himalaya-Gebirge erlebt, wenigstens nicht in bewaldeten Regionen. Völlig verschwitzt und durchnässt erreichte ich am Morgen die Baumgrenze, die Schwelle zwischen mittlerer und oberer Welt. Wer sie hinter sich gelassen hat, betritt tatsächlich eine andere Sphäre: eine raue Lavawüste, die den Blick freigibt über das Inselreich bis hinaus aufs Meer. Unter mir waberten Wolkenberge, die langsam heraufstiegen und bald alles verhüllten. Über ihnen lagen nur noch ein paar Bergspitzen und der Krater des Gunung Agung. In diesem Moment verstand ich, warum der Berg den Balinesen als »Mittelpunkt der Welt« gilt. Der majestätische Vulkan, der die Landschaft eben noch beherrscht hatte, war ein Solitär, alles um ihn herum im Nebel verschwunden. Ich kam mir vor wie verloren im Nichts. Der Blick in den über 500 Meter breiten Krater war der in einen schaurigen Abgrund. Es roch nach Schwefel, aus Felsspalten stieg Rauch auf, das Auge hat Mühe, Halt zu finden. Man ahnt, welche gewaltigen Kräfte im Inneren des Berges wirken.

Tempelanlage von Pura Besakih

Am 17. März des Jahres 1963, beim letzten großen Ausbruch, der sich über vier Wochen mit kleineren Eruptionen angekündigt hatte, sprengte die Wucht der Explosion eine Masse von hundert mal hundert Metern des Gipfelaufbaus weg, es gab über tausend Tote, glühende Lava wälzte sich zu Tal. Der Berg brach ausgerechnet an jenem Tag aus, an dem die Menschen ein großes Glaubensfest im Tempel von Pura Besakih feierten, das nur alle hundert Jahre begangen wird: das *Eka Dasa Rudra*, eine Zeremonie, bei der das Universum symbolisch gereinigt wird.

Die Einwohner sehen in der Katastrophe, die damals über die Menschen hereinbrach, bis heute ein Zeichen für den Zorn der Götter. Glauben die Balinesen doch, dass das gesamte Universum im Prinzip wohlgeordnet ist, sich alles in Harmonie und im Gleichgewicht befindet. Mit ihren Opfergaben, Gebeten und Zeremonien versuchen sie, die Götter zu besänftigen und die Welt im Gleichgewicht zu halten. Die Gegensatzpaare der Welt – Himmel und Erde, Sonne und Mond, Tag und Nacht, Götter und Dämonen, Leben und Tod, Hell und Dunkel, Rein und Unrein, Gut und Böse – werden ausbalanciert durch das mitfühlende Anteilnehmen des Einzelnen. Der Friede der Welt und der des Einzelnen bedingen einander; sie sind am Ende nicht mehr voneinander zu trennen.

Im Glauben der Balinesen steht alles Tun im Dienst des Göttlichen. Religion und Leben sind eins. Der Hindu kennt tausend und mehr Gottheiten in einem fast unüberschaubaren Pantheon, der Buddhist richtet den Blick nach innen. Der heilige Berg Gunung Agung symbolisiert beides. Die Wolken, die Nebel, die ihn umgeben, verleihen ihm etwas Unnahbares, als wäre er nicht von dieser Welt. An Tagen, an denen die Balinesen ihre Toten verbrennen, wird das besonders spürbar. Weiß gekleidete Brahmanen geleiten die Prozession vom Dorf zum Verbrennungsplatz. Der Verstorbene wird in der Nacht dem Feuer übergeben. Und so wie die Gebete zum Himmel emporsteigen, steigt die Seele – von allen irdischen Bindungen befreit – zu den Göttern empor. Was vergänglich war, wird im Feuer gereinigt. Es ist wie bei der Besteigung des heiligen Berges: in der Nacht der Aufstieg durch den Regenwald. Am Morgen, hoch über der Waldzone, schwimmen die Vulkane im Wolkenmeer, darüber im gleißenden Licht des neuen Tages das Nichts.

Der heilige Berg im Morgenlicht

Blick in den Krater des Gunung Agung

Der Zorn der Götter

Im Frühjahr 1962 gerät ganz Bali in helle Aufregung. Die Priester und Brahmanen haben beschlossen, im kommenden Jahr das *Eka Dasa Rudra* zu feiern, das größte religiöse Fest der Insel, dessen Abhaltung nur einmal in jedem Jahrhundert erlaubt ist. In der Kolonialzeit, als die Holländer Bali kontrollierten, wurde es nicht zelebriert, doch jetzt im neu erlangten Status der Unabhängigkeit, ist es nachgerade eine Pflicht, dieses große Fest der Reinigung, Läuterung und Versöhnung zu gestalten. Denn seine Wirkung ist nicht auf Bali beschränkt, sondern gilt dem Zustand der ganzen Welt, die wieder in ihr kosmisches Gleichgewicht gebracht werden soll. Dies scheint so dringend notwendig, dass die Priester von einer Ausnahmeregelung Gebrauch machen, die nur bei außergewöhnlichen Umständen in Kraft tritt. Denn nicht 1963, sondern erst im Jahre 1979 vollendet sich das balinesische Jahrhundert.

Bali, Teil Indonesiens, ist die große Ausnahme in diesem vom Islam geprägten Staat. Während die Lehre Mohammeds sich über Südostasien siegreich verbreitete, wurde die knapp sechstausend Quadratkilometer große Insel zum Zufluchtsort der Hindus. Wie früh Bali in den indischen Kulturkreis, einschließlich Kastenwesen, Wiedergeburtslehre und Verehrung der großen Götterdreiheit Brahma, Vishnu und Shiva (Trimurti) einbezogen war, belegt der Name des größten Festes, das übersetzt »Die Elf des Rudra« bedeutet. Rudra, der todbringende, schreckliche Sturmgott, der Herr der Orkane und Verursacher der Tsunamis, dessen Ohren mit Schlangenringen geschmückt sind, entstammt der ältesten Schicht der indischen Religion, den im zweiten Jahrtausend vor Christus verfassten *Veden* und wurde erst tausend Jahre später zu Shiva bzw. als dessen Erscheinungsform aufgefasst.

Im *Eka Dasa Rudra* werden die elf Götter, die das All regieren, beschworen. Ihre Kräfte bündeln sich in Balis allerhöchstem Wesen Sanghyang Widhi, in dem sich die Gesamtheit allen Seins verkörpert. Ungleich populärer, da weniger abstrakt gedacht, ist jedoch Shiva, Schöpfer und Zerstörer in einem, der ebenso alle Götter in sich vereint. Als »Shiva Mahadeva« (Großer Gott) bewohnt er den höchsten Berg Balis, den 3142 Meter hohen Vulkan Gunung Agung, auf den alle Tempel, ja sogar die Schlafstätten der Balinesen ausgerichtet sind. Von dort gehen Kraft und Lebensenergie aus, während ein Schläfer, der mit dem Kopf zum Ozean ruht, den dort hausenden Dämonen zum Opfer fallen könnte, die ihn mit Tod und Krankheit bedrohen.

Wie Shiva ist auch der Vulkan Schöpfer und Zerstörer in einem; er bringt bei seinen Ausbrüchen Tod und Verderben über das Land und sorgt andererseits mit seiner Lava für die Fruchtbarkeit des Bodens. Haben sich die Menschen zu sehr versündigt, bricht er aus. Bleibt er ruhig und friedlich, belohnt er sie für ihre Tugend. Nach dem Glauben der Balinesen haben einst die Götter vom mythischen Weltberg Meru, der die Weltachse und gleichzeitig die Verbindung zwischen Himmel und Erde verkörpert, ein Stück abgeschnitten und nach Bali versetzt: den Gunung Agung. Wie der Meru ist auch dieser Berg ein »Nabel der Welt« und heilig. Um Shiva nahe zu sein, bedarf es jedoch keiner Gipfelbesteigung. Es genügt, Pura Besakih, sein Heiligtum zu besuchen, wo Gott und Berg in der Anbetung eins werden. Auf neunhundert Metern Höhe wurde dieser größte hinduistische Tempel des Landes kühn in die Südwestflanke des Gunung Agung hineingebaut. Ein riesiger Komplex aus über zweihundert Pagoden, Altären, Terrassen und Höfen, dessen Ursprung in die animistische, vorhinduistische Zeit zurückreicht und dessen Mittelpunkt die drei Schreine des höchsten Gottes bilden – und zwar in seinen Manifestationen als Brahma, Vishnu und Shiva.

Im Oktober 1962 beginnen dort die Vorbereitungen für das große Fest. Für den 8. März 1963, exakt berechnet von den Brahmanen und Astronomen nach dem Mondkalender, ist der Höhepunkt der Opferhandlungen vorgesehen. Sich angemessen auf das *Eka Dasa Rudra* vorzubereiten, für genügend Opfergaben zu sorgen, kunstvolle Reliefs aus Reis zu fertigen, Gesänge und Tänze, begleitet von den berühmten Gamelan-Orchestern, einzuüben, ist Ehrensache für jeden Balinesen. Vor allem aber müssen die Toten verbrannt werden, die in den Augen der Götter die Reinheit der Insel beleidigen. Auf den Friedhöfen werden die Leichname exhumiert und auf riesigen Scheiterhaufen verbrannt. Eine soziale Funktion des Festes, die gerade die ärmeren Familien entlastet und ihren Angehörigen zur Wiedergeburt verhilft – denn nur der verbrannte Tote wird wiedergeboren. Aber die aufwendige Zeremonie ist teuer und viele sind nicht in der Lage, die Gelder dafür sofort aufzubringen. Deswegen werden die Leichen in der Erde zwischenbestattet, bis genügend Geld vorhanden ist oder ein wohlhabender Verwandter großzügig die gemeinsame Verbrennung mit dem ärmeren Vetter erlaubt.

Den Frommen, die dem Rechten leben,
Einsiedlern, die zum Guten streben,
Die Sehnsucht nach dem Himmel lenkt,
Hast du, o Berg, stets Schutz und Heim geschenkt!
Den Priester, Krieger und Gemeinen
Führt deine Huld, o Berg, zum reinen
Erhabnen Himmel, dass er frei
Vom Leid der Welt und nah den Göttern sei.
Mahabharata

Ende Februar 1963 wird das Fest offiziell eröffnet. Als Zeichen des Beginns wird in alle Städte und Dörfer geweihtes Wasser geschickt und jeder, der die Segensgabe annimmt, verpflichtet sich damit, zum Pura Besakih zu pilgern. Glanzpunkte des 42 Tage dauernden Programms sind das unblutige Stieropfer, bei dem lebende Stiere mit zusammengebundenen Füßen in die vier Bali umgebenden Meere und in die vier größten Binnenseen versenkt werden; außerdem die große dreitägige Prozession der auf der Erde anlässlich des Festes weilenden Götter und schließlich die Opferung eines Tieres jeder auf der Insel lebenden Art, von Krokodil und Tiger absteigend bis zu Fliege und Zikade. Damit möchte man bewirken, dass diese solcherart für den heiligen Zweck aus

Großes Tempelfest auf Bali

ihrer Gattung herausgehobenen Exemplare im nächsten Leben zu Menschen werden.

Wenn all das vollzogen wurde, ist die Basis geschaffen für die wichtigste Kulthandlung, das *Taur Eka Dasa Rudra*, die große Reinigungszeremonie. Sie hat das Ziel, die bösen Kräfte aus dem ganzen Universum zu vertreiben und findet in einem eigens dafür errichteten fünfzig mal fünfzig Meter messenden Bambustempel statt, in dem dreiundzwanzig Brahmanenpriester als Mittler zwischen Göttern und Menschen die Opferriten an den Altären der elf Gottheiten des hinduistischen Pantheons zelebrieren. Nach einem langen Gebet der Gläubigen erfolgt nach siebenmaliger Anrufung des höchsten Gottes die abschließende Segnung. Geweihte Reiskörner werden ausgeteilt, die man nach Hause trägt, um sie im kleinen Ganesh-Schrein an der Hauswand für den Schutz der Familie niederzulegen.

Aber der Gott des Gunung Agung zeigte sich im Jahr 1963 nicht gnädig. Schon zu Beginn der Zeremonien gibt der seit 136 Jahren ruhende Vulkan ein dumpfes Grollen von sich, in seinem Krater glüht Lava auf. Am 17. März, gerade einmal neun Tage nach der Hauptzeremonie, explodiert der Gunung Agung, seine Spitze wird abgesprengt. Kilometerhoch steigt eine schwarze Wolke über seinem Gipfel auf. Pyroklastische Ströme, von giftigen Gasen begleitet, jagen die Flanken des Gunung Agung hinunter und töten mehr als tausend Menschen. Glühende Gesteinsbrocken fallen vom Himmel und verwandeln grüne Felder in Wüsten aus schwarzem Geröll. Selbst im tausend Kilometer entfernten Jakarta regnet Asche nieder. Rettungstrupps der Regierung befehlen die Evakuierung zahlreicher Dörfer in der Umgebung des Berges. Doch die Menschen wollen bleiben. Achthundert Balinesen knien betend im Tempel von Pura Besakih, während die gelbrote Lava sich näher und näher heranschiebt. Graue Asche bedeckt die Tempeldächer mit einer meterhohen Schicht, Erdstöße lassen die Mauern erzittern. Aber die Gläubigen fliehen nicht. Sie beten weiter, selbst dann noch, als die Lava sich schon über die obersten Terrassen hinabwälzt. Shiva würde sie retten, wenn er wollte – und er tat es. Der todbringende Strom teilte sich in zwei Arme und sparte den Tempel und die darin Betenden aus.

Zeremonien sollen die Götter gnädig stimmen

Fujiyama

Einen Moment lang höher
stehen als die Sonne

In Japan ist der Fuji überall präsent: Man sieht ihn auf Postkarten, Plakatwänden, Werbetafeln. In Museen ebenso wie in Souvenirläden, ein beliebtes Motiv für Kunst und Kommerz. Kein Berg wird so oft abgebildet, keiner so häufig bestiegen. Der Fuji, gesprochen Fudschi, mit 3776 Metern der höchste Berg des Landes, steht so allein in der Landschaft, so perfekt symmetrisch, von weither sichtbar – wie eine Zumutung.

Fuji, Japan

Sonnenaufgang am Fuji

Die gleichmäßige Kegelform des *Fujisan*, wie die Japaner diesen heiligen Berg nennen, hat zahllose Maler und Dichter, Philosophen und Priester inspiriert. Zu den berühmtesten Abbildungen des Berges gehören sicher die von Katsushika Hokusai. Hokusai (1760–1849), ein Meister des japanischen Holzschnitts, fertigte im frühen 19. Jahrhundert einen ganzen Zyklus, die »36 Ansichten des Berges Fuji«. Mit dieser Holzschnitt-Serie konnte der Betrachter virtuell zum Berg pilgern, ohne sein Haus zu verlassen. Für Hokusai war die Auseinandersetzung mit dem Fuji religiös motiviert, ihm ging es um die Fragen von Leben und Tod, von Anfang und Ende, vom Einswerden mit der Natur. Der Shintoismus braucht kein Buch, sein Buch ist die Natur, sie ist heilig, in ihr ist alles Göttliche.

Heute ist der Fuji das wichtigste kulturelle Symbol der Japaner, der Stifter ihrer Identität. Wie Sisyphus im Westen ist der Fuji-Pilger im Osten Synonym für das Irrationale und die Identifikation mit dem Höchsten zugleich. In Japan gibt es dazu ein Sprichwort: »Wer den Fuji einmal besteigt, ist ein Weiser; wer ihn ein zweites Mal besteigt, ein Narr.«

Um Weisheit also geht es, nicht um eine sportliche Herausforderung. Der Fuji ist keine Kombination aus Matterhorn und Eiger, zu ihm zieht es viele hin, die nicht bergsteigen können. Für die Japaner ist die Besteigung auch heute noch eine Art Wallfahrt. Fitness zählt dabei weniger als der Wille durchzuhalten, den Gipfel, der einst als Sitz der Sonnengöttin galt, zu erreichen. Diese divine Dimension des Fuji stammt aus jener Frühzeit, in der jeder Berg in Japan als Heiligtum verehrt wurde.

Die erste Besteigung des Fuji fand im Jahr 806 statt. Die Überlieferung erzählt von einem buddhistischen Mönch, der Ruhe und Stille suchte. Seine Meditation muss allerdings ein rasches Ende gefunden haben. Verstört, mit versengten Haaren und Kleidern vom Gipfel zurück, behauptete er, der Krater sei mit kochender Lava gefüllt. Wenige erwogen daraufhin in alter Zeit, den Fuji zu besteigen. 1149 begründete der Mönch Matsudai eine neue Periode der Bergfrömmigkeit; Asketen zogen sich in Höhlen am Fuß des Fuji zurück, um zu meditieren, buddhistische Mönche siedelten dort. Für Frauen allerdings war der Fuji bis zum Jahr 1868, als der Shintoismus Staatsreligion wurde, tabu.

Einst, als sich die Lavaströme des Vulkans über das Land ergossen und das heutige Tokio von einer zwanzig Zentimeter dicken Aschenschicht bedeckt wurde, galt der Berg in der religiösen Vorstellung der Ureinwohner als die »Göttin des Feuers«. Besonders im 18. und 19. Jahrhundert war der Fuji aktiv. Doch trotz aller Schrecken, die er verbreitet haben mag, ist er bis heute Sinnbild für die Ewigkeit. Der zentrale Krater am Gipfel, 600 Meter im Durchmesser und 200 Meter tief, ist ein besonderes Heiligtum. Hier oben fühlt man sich aus der Welt gehoben, losgelöst. Bei Sonnenaufgang fließen Nacht und Tag ineinander, alles wird eins – wenn man sich diesem Berg auf eine spirituelle Weise nähert.

Ich hatte bei meiner ersten Japanreise Dias, einen Film und Manuskripte im Gepäck. Termine im Fernsehen, in Buchhandlungen, Einladungen, Tag für Tag. In Hotels Interviews zu geben und wieder zu verschwinden konnte ich mir nicht vorstellen. Also hatte ich beschlossen, den Fuji zu besteigen. Wie sonst sollte sich ein Bergsteiger Japan nähern, als mit einer Bergtour. Da es mir nicht primär um eine sportliche Herausforderung ging, schob ich den Fuji als eine Art Kulturtrip in mein Programm »Japanreise« ein. Der Tradition folgend, hätte ich eine andere Jahreszeit wählen, den Aufstieg unterbrechen und eine Nacht am Berg verbringen müssen, um den Sonnenaufgang auf dem Gipfel zu erleben. Ich hatte auch keinen hölzernen Wanderstock bei mir, keine japanische Flagge, keine bunten Bänder mit Glöckchen, die der Pilger am Gipfel-Altar ab-

Blick in den Krater des Fuji

Pfad am Rand des
Vulkankraters

legt, nur zwei Skistöcke und einen Tagesrucksack. Aber ich sah die Besteigung ja auch nicht als rituelle Reise.

Auf einem Vorsprung aus Vulkangestein, etwa 1500 Meter hoch über dem Meeresspiegel, fasste ich mir an den Kopf, fragte mich, was ich hier wollte. Nichts Magisches, während ich die Berghänge hinaufkraxelte. Bald keinerlei Vegetation mehr, der Weg steil und rutschig, der Boden zwischen dem Schnee schwarz. Ob es klug war, den Aufstieg – mehr als 2000 Höhenmeter mussten überwunden werden – an einem trüben Nachmittag zu beginnen, darf bezweifelt werden. Ich musste vor Einbruch der Dunkelheit zurück sein. Ab der achten von insgesamt zehn Stationen fand ich nur noch Eis vor, der Zauber der eisigen Hänge hielt sich in Grenzen, die Kletterei war weder spektakulär noch rätselhaft.

Bei einer weiteren Pause blickte ich die Hänge hinab, sah nichts wie Grau und Schwarz darunter und begriff meinen Fehler: Mein Leben war nicht mit dem Berg verwoben. Ich war allein, zu schnell unterwegs, wie auf der Flucht. Das Ritual aber funktioniert nur in Gesellschaft. Wenn viele zum Sonnenaufgang hinaufwollen, junge und alte Menschen aus aller Welt, wird der Gipfel zum Altar, weil der Einzelne im großen Ganzen verschwindet. Einen Moment lang höher als die Sonne zu stehen lässt die Grenze zwischen Profanem und Sakralem verschwinden.

Endlich auf dem Gipfel, dem Rand des Vulkans angelangt, lag, wie der mächtige Schatten des Fuji, Müdigkeit in mir. Weit unten die Ebene. Ich fror. Als ich mein Gesicht der Sonne zuwandte, spürte ich, dass sie gleich untergehen würde. Sie stand tiefer als ich.

Nicht reif für die Weisheit, habe ich den Berg ein zweites Mal bestiegen. Dieses Mal hatte ich mich besser vorbereitet. An nur etwa achtzig Tagen des Jahres ist der Berg wolkenfrei. In den schneefreien Monaten Juli und August steigen bis zu 300 000 Menschen auf den Berg. Nacht für Nacht windet sich eine unendliche Lichterschlange nach oben. Jeder Japaner sollte einmal im Leben die zehn Stationen des Pilgerweges besucht und den Sonnenaufgang auf dem Gipfel miterlebt haben. Früher haben die Japaner diesen »Weg der Götter« in weißer Kleidung beschritten, als Zeichen ihrer Verehrung. Heute tragen einige Pilger noch weiße Handschuhe. Aber alle zehn Stationen besuchen die wenigsten, die fünfte Station ist der beliebteste Einstiegspunkt, an Wochenenden herrscht Gedränge. Auch wir begannen den Aufstieg hier, knapp oberhalb der Baumgrenze auf 2300 Metern Höhe. Dass man dieses »fünfte Bewusstsein« von Tokio aus in ein paar Stunden bequem mit dem Auto erreicht, ist eine Tatsache, die zwar den Berg in uns schrumpfen lässt, nicht aber unsere Hybris, dennoch die ganze Erfahrung Fuji machen zu können.

Der Aufstieg im Gänsemarsch war anfangs auch als Gruppenerlebnis ziemlich eintönig. Und der aus der Distanz so schöne Fuji wirkte oberhalb der Baumgrenze unförmig. In dieser ausgesprochen öden Welt – graubrauner Lavaschutt, breite Wege, Steinstufen, kein Strauch, kein Grashalm – gab es nichts zum Festhalten. Nicht für die Augen, nicht für die Ohren. Nur die unübersehbare Menschenschlange vor und hinter uns suggerierte Sicherheit. Hüsteln, Schnaufen und tausendfaches Trippeln im Sand. Steinmauern am Wegesrand, dazu einige geduckte Hütten, sollen den Wanderer vor Steinlawinen schützen, die immer wieder vom Berg abgehen. Je höher man kommt, umso dünner die Luft, umso größer die Monotonie.

Kaum jemanden scheint das zu stören. Das Ziel mag hier der Gipfel sein, aber geht es nicht darum, ein besserer Mensch zu werden? Für Japaner ist der Fuji wie eine Weihe. Kommen sie doch auf dem Weg der Vollkommenheit mit jedem Schritt näher. Wenn man schließlich auf dem Gipfel steht, ist das im weitesten Sinn das Höchste.

Wir erreichten den Gipfel bei Dunkelheit und eisigem Wind. Am Kraterrand in 3776 Metern Höhe war wenig zu erkennen: ein paar Hütten, ein Schrein, Restaurants, alle noch geschlossen. Der Himmel schwarzgrau, dann, am Horizont, ein erster, schmaler stahlblauer Streifen! Immer

Wolkenhut über dem
Gipfel des Fuji

mehr Pilger drängten sich am Gipfel, warteten auf die wärmende Sonne. Aus dem schmalen Streifen im Osten ist derweil ein orangefarbenes Wolkenknäuel geworden. Diese sich aufbäumenden Wolken, in denen das Licht wühlt, die Sonne, die kurz hervorbricht und wieder verschluckt wird, wirkten wie himmlische Erscheinungen. Wie Goldstaub in der Luft. Dieses Spiel der aufgehenden Sonne und die tausenden Menschen, die mit ihren Digitalkameras die Stimmung einfangen wollen – diese beiden Bilder vor allem sind mir vom Gipfel in Erinnerung geblieben.

Nicht immer zeigt sich dieses Schauspiel nach Wunsch. Nur an etwa achtzig Tagen geben die Wolken den Fuji frei. Die zwei Monate, in denen der Aufstieg möglich ist, beginnen am 1. Juli mit einem Fest am Sengen-Schrein am Rand der Stadt Fujiyoshida. Dann ist am Berg alles organisiert. Ende August endet die Wallfahrtszeit mit einem großen Fest zu Ehren der Götter.

Danach, so heißt es, würden diese am Fuji ihr Winterquartier beziehen, dürften nicht mehr gestört werden.

Die Wolken des Himmels halten in ehrfürchtigem Wunder inne, ein Schatz, der dem Sterblichen gegeben wurde, ein schützender Gott, der über Japan wacht.
Tachibana Moroe

Mit langen Sprüngen ging es die Flanken des Berges wieder hinab. Durch grünende Wälder sind wir gewandert und zurückgekommen ist die Zivilisation Tokios. Der Fuji schien verschwunden. Weit hinten, im Süden, im tintenblauen Dunkel, von Nebeln verhangen, mochte er liegen. Kalt und unnahbar. Anderntags war er wieder da! Anfangs nur eine dunkle Kontur, oben ein Wolkenspiel. Das Aufgehen der Sonne tauchte den Berg in Farben, die tief aus seinem Inneren zu kommen schienen.

Über allem Fuji-san

Der Berg im Spiegel der Geschichte Japans

Japaner und Deutsche haben viel gemeinsam. Im Zweiten Weltkrieg miteinander verbündet, litten beide Nationen unter politischen Systemen, die ohne Rücksicht auf Verluste die Beherrschung ihrer jeweiligen Großräume anstrebten. Als diese Politik in einer Katastrophe endete, waren die Führungsschichten nicht willens, die Niederlage anzuerkennen. Der »Kampf bis zur letzten Patrone«, der im zusammenbrechenden Deutschland mit Volkssturmbataillonen aus alten Männern und Halbwüchsigen den »Endsieg« sichern sollte, war auch für Japan vorgesehen. Zurückgeworfen auf die japanischen Hauptinseln und eingekreist von einer amerikanischen Armada aus Flugzeugträgern, auf deren Decks tausende Bomber und Jagdflugzeuge bereitstanden, sollten Bambusspeere, geführt im Bewusstsein der »geistigen Überlegenheit Japans«, die feindlichen Divisionen, die nur darauf warteten, mit der Invasion zu beginnen, von den »heiligen Küsten des göttlichen Landes« fernhalten. Wie in Deutschland Reichspropaganda-Minister Joseph Goebbels hatte in Japan das militärische Oberkommando den »totalen Krieg« ausgerufen und das Volk aufgefordert, sich in »Hundert Millionen Kamikaze-Kämpfer« zu verwandeln, jenen Piloten gleich, die sich mit ihren Maschinen, das eigene Leben opfernd, auf die amerikanischen Kriegsschiffe warfen. Weder die Bombardierung Tokios im Frühjahr 1945, die 100 000 Tote forderte, noch der Abwurf der Atombomben auf Hiroshima und Nagasaki (200 000 Tote) am 6. und 9. August, noch die zeitgleiche Kriegserklärung der Sowjetunion erschütterte die Haltung der Militärs. Ungerührt empfahlen sie den Gebrauch von Brandsalben und das Tragen von weißen Hemden als Schutz vor der verheerenden Bombe. Gegen den Protest der Generalität, die sich hartnäckig weigerte »das Unerträgliche zu ertragen«, unterzeichnete der japanische Kaiser Anfang September die Kapitulationsurkunde.

Mit diesem Akt zerbrach eine über tausendjährige Gewissheit: dass es nämlich, solange ein Kaiser regierte, der seine Abstammung in gerader Linie von der Sonnengöttin ableitete, niemals zu einer Niederlage Japans, geschweige denn zur Besetzung des Landes kommen würde. Konsequenterweise verzichtete der Kaiser 1946 auf seinen Nimbus der Göttlichkeit. Mittelbar war dadurch auch die Verehrung des Fuji betroffen, denn Japans höchster Berg verbürgte wie der Kaiser die Unverletzlichkeit des Landes und galt als Symbol der japanischen Überlegenheit und des daraus abgeleiteten göttlichen Auftrags, als Vermittler zwischen Ost und West eine neue Ära in der Geschichte der Menschheit einzuleiten. All das war nun in Frage gestellt und es fehlte nicht an Stimmen, die dem Fuji, der Japan nicht hatte schützen können, nun eine ganz andere Rolle zuwiesen: den amerikanischen Bomberflotten bei ihren Angriffen auf Tokio als unübersehbarer Orientierungspunkt gedient zu haben.

Ursprüngig waren alle Berge in Japan heilig, denn dort hatten, neben den verstorbenen Ahnen, die Götter ihren Wohnsitz, die für das Überleben sorgten, indem sie die Felder fruchtbar machten und den Reis wachsen ließen. Sie kamen im Frühling mit dem Schmelzwasser von den Bergen herunter, ihre Anwesenheit bemerkte man durch das Keimen der jungen Saat. Mit Frühlings- und Erntefesten dankten die Bauern diesen *kami* genannten Naturgewalten. Nach der Ernte im Herbst zogen sich die Götter wieder auf ihre Berge zurück, die man als Sterblicher den Winter über besser nicht erklomm.

Vor rund 2000 Jahren war Japan noch in viele voneinander unabhängige Clans gegliedert, jeder Ort und jede Familie hatte ganz spezielle

kamis. Man verehrte sie in ihren Erscheinungsformen, sei es ein besonderer Baum, ein bizarr geformter Felsen, ein malerischer Wasserfall, ein Fluss, ein See oder ein Berg. Sie fungierten auch als Schutzgötter und dort wo sie sich materialisierten, entstanden Kraftpunkte voller Lebensenergie. Um an ihr teilzuhaben, von der Gegenwart der *kamis* zu profitieren, erbaute man Schreine, die man am ehesten mit unseren Klöstern oder Wallfahrtsorten vergleichen kann. Gästetrakte und Wohnhäuser gruppieren sich um kleine und große Tempel, in denen Reliquien verehrt werden. In ihnen ist der betreffende Gott präsent, doch im Gegensatz zum Christentum werden sie nie bildlich oder figürlich gezeigt. Besondere, meist rot bemalte, frei stehende Tore (*torii*) markieren die Schwelle zwischen dem profanen und dem göttlichen Bezirk. Götterseile (*shimenawa*), kunstvoll arrangiert, kennzeichnen bestimmte heilige Plätze oder dienen an den Toren als Schmuck.

Der Fuji aus der Vogelperspektive

Als sich zwischen dem 7. und 8. Jahrhundert unter der Herrschaft des Yamoto-Clans ein japanischer Zentralstaat zu etablieren begann, berief sich der Clan auf den Mythos vom Urgötterpaar Izanagi und Izanami: Die beiden hatten, so die Legende, Japan Insel für Insel erschaffen und danach die übrigen Gottheiten. Die höchste von ihnen, Amaterasu, als Sonne Herrscherin des Himmels, sandte ihren Enkel Ninigi-no-mikoto zur Erde herab, damit er dort die ewige, göttliche Kaiserdynastie begründe. Damit war bis zum Ende des Zweiten Weltkriegs die Monarchie als Staatsform legitimiert, der Kaiser zum lebendigen Gott erhoben. Sein Titel, Tenno, bedeutet Himmelsherrscher.

Im Angesicht des Fuji

Der Buddhismus, der, von China ausgehend, Japan im 6. Jahrhundert erreichte, machte den Inselbewohnern den Eigenwert ihrer Religion erstmals bewusst. Mit dem Begriff *Shinto* (»Weg der Götter«) grenzte sie sich vom *Butsu do*, dem »Weg des Buddha«, ab. In der Folgezeit entwickelte sich allerdings eine Mischform, ein shinto-buddhistischer Synkretismus, der die Götter des Shinto als Inkarnationen von Buddhas und Bodhisattvas (erleuchteten Lehrern) begriff. Viele Shinto-Priester wurden Buddhisten, umgekehrt betreuten buddhistische Mönche Shinto-Schreine. Diese gegenseitige Durchdringung erklärt, warum sich noch heute 85 Prozent der Japaner als Shintoisten bezeichnen und 70 Prozent als Buddhisten. Nach shintoistischem Ritus zu heiraten, sich aber nach buddhistischem Brauch verbrennen zu lassen, gilt nicht als ungewöhnlich, sondern als ganz normal.

Während der Shinto respektvoll Abstand von den Bergen hielt, zog es diejenigen buddhistischen Gläubigen, die durch Askese und Meditation Selbsterkenntnis und Erleuchtung erhofften, geradewegs dorthin. Sowohl die Anhänger des Shingon-Buddhismus mit seinem Zentrum auf dem heiligen Berg Koyasan in der Nähe der Stadt Kyoto, als auch die Mönche des Zen, die ihre Klöster programmatisch »Berge« nannten, zogen sich in die Einsamkeit der Gebirgswildnis zurück, um in der Stille jene »Leere« zu erfahren, in der das nach buddhistischer Vorstellung nur eingebildete »Ich« abstirbt und durch die Überwindung der 108 hindernden Illusionen Erleuchtung an seine Stelle tritt.

Besonders populär wurde eine Gruppe von »Bergasketen«, die sich *Yamabushi* oder *Shugenja* nannten. Sie benutzten die Berge wie gigantische spirituelle Maschinen, an deren Kraft *yama* man teilhaben konnte, sofern man die richtigen Rituale beherrschte. Alles begann mit einer Reinigungszeremonie vor dem Aufstieg, vorzugsweise einem eiskalten Bad unter einem Wasserfall. Vorbei an Schreinen, an denen sie den Göttern opferten und unablässig Mantras murmelnd, stiegen sie bis zum Gipfel auf. Lang ausgestreckt auf dem Boden liegend (*bushi*), lauschten sie dann, was der Gott des Berges ihnen mitteilte. In der Nacht verbrannten sie symbolisch ihren Leib – die Holzscheite des Lagerfeuers standen stellvertretend für den Körper – und erwachten am nächsten Morgen mit einem Schrei, der als Geburt begriffen in ein neues, reines Leben führte.

Hokusai. Reisende im tiefen Schnee am Fuji

Diesen esoterischen Buddhismus charakterisierten sie als *Shugendo*: »der Weg, sich durch Üben übernatürliche Kräfte zu verschaffen«. Wo immer sie in den Dörfern und Städten auftauchten, kenntlich an ihrem Wanderstab, weißer Kleidung und Sandalen, umringte sie das Volk, denn die Gebete der *Yamabushi* galten als besonders wirkungsvoll und man sagte ihnen nach, in die Zukunft schauen zu können.

Der Fuji galt ihnen schon früh als Berg der Asketen und Weisen. Der legendäre Gründer der Shugendo-Lehre, der im 7. Jahrhundert lebende En-no-Ozune, der »Heilige vom Fuji«, soll als Erster seinen Gipfel betreten und diese Besteigung Hunderte Male wiederholt haben, um die Geheimnisse des Alls zu ergründen. Vorzugsweise nachts, denn er stand unter Hausarrest und durfte tagsüber sein Haus nicht verlassen, da ein Orakel geweissagt hatte, er würde das Kaiserhaus stürzen.

Historisch belegt ist die Fuji-Besteigung des buddhistischen Mönchs Matsudai Shonin im 12. Jahrhundert, der auf dem Gipfel einen Tempel erbaute. Er weihte ihn der Gottheit Dainichi Nyorai, dem kosmischen Buddha der allumfassenden Weisheit, dem schon Fürst Shotoku Taishi (593 – 622), der große Förderer des Buddhismus in Japan, im Krater des Fuji begegnet war. Der Fürst war, so die Überlieferung, in den Vulkan hinabgestiegen und war plötzlich in eine riesige Höhle mit einem See gelangt. Aus dem See erhob sich ein Felsen, auf dem ein Drache saß. Als der Fürst erschrocken zurückwich, verwandelte sich das Ungetüm in die buddhistische Gottheit des Fuji und sprach zu ihm: »Fürchte Dich nicht, ich bin aus der absoluten und grenzenlosen Leere in diesen Höhlenpalast geeilt, um für immer meinen Wohnsitz hier aufzuschlagen und alle Lebewesen zu retten, die mitfühlenden Herzens sind.«

Als man rings um den Kraterrand acht Nebengipfel entdeckte, galt das für die Gläubigen als Beleg für die Anwesenheit der Fuji-Gottheit: Die Nebengipfel wurden als die acht Blütenblätter der Lotosblume interpretiert, die das Haus dieses höchsten Buddha umrahmten.

Aus noch früherer Zeit datiert der schintoistische Sengen-Schrein im Norden des Berges; an diesem Ort sollte der Berg durch Gebete besänftigt werden. Denn der Fuji brachte es zwischen 781, dem Jahr der ersten dokumentierten Eruption, und 1707, der letzten, auf immerhin acht-

Betende Fuji-Pilger

zehn Ausbrüche, die bis zu fünftausend Tote forderten, bis zu drei Wochen anhielten, dreißig Kilometer lange Lavaströme produzierten und die hundert Kilometer entfernte japanische Hauptstadt Edo, das heutige Tokio, mit einer zwanzig Zentimeter starken Ascheschicht bedeckten. Jeder Ausbruch des Fuji machte den Schrein reicher und seine Gebäude schöner, da man der Wut des Berges etwas entgegensetzen musste. Der wirtschaftliche und architektonische Höhepunkt war erreicht, als der japanische Reichseiniger Tokugawa Ieyasu einen zweistöckigen Tempelbau gelobte, wenn er siegen würde. Tatsächlich gewann er im Jahr 1600 die entscheidende Schlacht von Sekigahara.

Unabhängig von der buddhistischen Inbesitznahme des Berges kursierten im Volk die verschiedensten Sagen über den Fuji. Um seine markante Schneehaube zu erklären, die den Berg bis zu zehn Monate im Jahr

Betende Fuji-Pilger

krönt, erzählte man sich die Geschichte von der Arroganz des Fuji. Er hatte, beansprucht von einem rauschenden Fest, einer inkognito auftretenden übergeordneten Gottheit brüsk die Gastfreundschaft verweigert und war dafür mit einem Fluch bestraft worden: Sommers wie winters solle Schnee und Eis ihn einhüllen und an seinem Fuß nichts Essbares gedeihen, so dass kein Besucher ihn fortan belästige.

Auch die vulkanische Tätigkeit des Berges wird mit einer Geschichte erklärt. Einst hatte ein kinderloses Ehepaar ein verlassenes kleines Mädchen in einem Bambushain gefunden und bei sich aufgenommen. Das Kind wuchs zu einer wahren Schönheit heran und machte die beste nur mögliche Partie: Sie heiratete den Gouverneur der Fuji-Region. Die Ehe hätte glücklicher nicht sein können, doch eines Tages kehrte die Schöne dorthin zurück, wo sie eigentlich hingehörte – in ihren Götterpalast auf dem Gipfel des Fuji. Denn sie war, wie ihr Gatte nun erfuhr, die unsterbliche Göttin des Berges. Zum Trost hatte sie ihm einen Zauberspiegel hinterlassen, in dem er ihr Antlitz sehen konnte, wann immer er Sehnsucht nach ihr verspürte. Doch der Spiegel machte ihm den erlittenen Verlust nur umso schmerzlicher bewusst. Da er aber wusste, wo er die Geliebte zu suchen hatte, stieg er zum Gipfel des Fuji hinauf. Statt eines Palastes fand er dort jedoch nur einen Krater vor und stürzte sich verzweifelt hinein. Im Fallen drückte er den Spiegel so fest an seine Brust, dass dieser sich entzündete – durch die übergroße Liebe, die seinem Herzen entströmte. So bildete sich die Rauchsäule über dem Gipfel des Fuji.

Die Göttin des Fuji gilt auch als verantwortlich für die Kürze des menschlichen Erdenlebens. Denn es war gleichfalls ihre blendende Schönheit, die den bereits erwähnten Enkel der Sonnengöttin, nachdem er auf die Erde herabgestiegen war, dermaßen faszinierte, dass er beschloss, mit ihr, und nicht mit ihrer älteren Schwester, die er ebenfalls hätte heiraten können, die ersten Menschen zu zeugen. Das war gut für ihn, aber schlecht für die Menschheit. Denn der volle Name der Fuji-Göttin lautet Kono-hana-sakuya-hime, das bedeutet »Prinzessin der blühenden Baumblüten«, während ihre Schwester wegen ihres kantigen Kinns Iwa-naga-hime »Prinzessin dauerhaft wie Fels« genannt wird. So sinken die Menschen ins Grab und verwelken schnell wie die vom Baum gefallenen Blüten; die andere Verbindung hätte ihnen ein Leben von längerer Dauer beschert.

Die Grundlage der Verehrung des Fuji als sakrales Zentrum Japans legte der Mönch Hasegawa Kakugyo (1541 – 1646), genannt der zweite Heilige des Fuji. Eine Vision führte ihn zu einer Grotte im Berg, die er als Mittelpunkt Japans bezeichnete und die er als Wohnstätte des einen und einzigen Schöpfergottes ansah, dem er den Namen Sengen Dainichi gab. In ihm verbanden sich die schintoistische Göttin und der Buddha der Weisheit zu einer neuen Gottheit des Fuji. Kakugyos gewaltiger Ruf als spiritueller Heiler und Lehrer – es hieß, er könne 800 Tage lang fasten – führte ihm immer neue Schüler zu und schließlich gründete er die noch heute existierende Schule der Fuji-Verehrung, die *Fuji-Ko*.

Einen Schritt weiter ging der dritte Heilige des Fuji, Jikigyo Miroku (1671 – 1733). Er pilgerte Jahr für Jahr mit immer größeren Gruppen zum Gipfel und entwickelte als Oberhaupt der *Fuji-Ko* eine eigenständige Theologie, die den Fuji noch weiter aufwertete. Er war nun, einschließlich der ihm zu verdankenden Reisernte, die Quelle und der Spender alles Guten. Im Jahre 1731 verkündete Jikigyo den Anbruch eines neuen Zeitalters, das Kommen des geweissagten Buddhas der Zukunft, des Erlösers, der die Menschheit retten würde. Seinen Namen »Matreya« (vgl. das Belucha-Kapitel) übersetzte er aus dem Sanskrit ins Japanische und nahm ihn als seinen eigenen an: Miroku. In der künftigen Ära seiner alleinigen Herrschaft würden weder der Shinto noch buddhistische Inkarnationen existieren. Denn die Menschen, frei von Egoismus und Neid, bräuchten nichts mehr von den Göttern zu erbitten, sondern erhielten das Nötige durch Fleiß, Ehrlichkeit und tätige Nächstenliebe.

Die Regierung reagierte irritiert. Die Fuji-Verehrung begann, eine Volksbewegung zu werden. Sie ließ sich in die gängigen Religionssysteme nicht einordnen, war weder Shinto noch Buddhismus noch der von den Intellektuellen gepflegte chinesische Konfuzianismus. 1733 zog sich Miroku auf den Fuji zurück, um sich zu Tode zu hungern. Nach 31 Tagen starb er. Glaubte er, mit diesem Selbstopfer das Kommen der künftigen Ära zu beschleunigen? Wollte er damit eine Japan drohende Hungersnot abwenden, oder war es die Enttäuschung über einen Staat, der seine Botschaft nicht hatte hören wollen? Doch jetzt wurde seine Stimme vernommen. Aufgezeichnet und niedergeschrieben von seinen Schülern, wurde *Das Buch der 31 Tage* zur Bibel seiner Anhänger. Tausende Japaner machten sich Jahr für Jahr auf die Pilgerfahrt zum Fuji, und im ganzen Land entstanden Hunderte neuer Gruppen der *Fuji-Ko*.

Im Japan des 19. Jahrhunderts, das sich der Moderne öffnete und langsam in einen Industriestaat verwandelte, wurden die *Fuji-Ko* staatstragend, ihr religiös-philosophisches Anliegen verkam zu einer nationalistischen Ideologie. Ihr Anführer Shibata Hanamori (1809 – 1880) verband die Fuji-Verehrung mit dem neu etablierten Kaiserkult. Zu Beginn des Zweiten Weltkriegs und nachdem man ganzen Generationen eingeimpft hatte, dass am japanischen Wesen die Welt genesen müsse, missbrauchte man den Berg als Symbol des neuen chauvinistischen Japan: »Die Majestät des Fuji und seine Erhabenheit, die alle anderen Vulkane in den Schatten stellt, symbolisiert die Überlegenheit der japanischen Nation über alle übrigen.«

Ein tausend Jahre alter Pfad, unterteilt in zehn Abschnitte, von denen jeder für eine höhere Bewusstseinsstufe steht, führt über eine Strecke von neunzehn Kilometern, dabei dreitausend Höhenmeter überwindend vom Bergfuß zum 3776 Meter hohen Gipfel des Vulkans. Dafür nahm sich der Erleuchtung suchende Pilger früher vier Tage Zeit. Jetzt schafft man es in zweieinhalb Stunden mit dem Bus von Tokio und erspart sich dadurch fünf mühsame Bewusstseinsstufen, denn die Straße endet auf 2400 Meter Höhe. 250 000 Besucher, darunter ein paar versprengte weißgekleidete Sandalenträger mit Wanderstab, erreichen jährlich den Kraterrand. Drei- bis fünftausend sind es pro Tag, denn das Besteigen des Berges ist offiziell nur zwischen Anfang Juli und Ende August gestattet. Seit 2013 ist er Teil des UNESCO-Weltkulturerbes, ein touristisches Ziel von hoher Attraktivität, ein schöner Berg mit makelloser Silhouette – aber heilig?

Kirschblüte in Japan

Ayers Rock

Orientierungshilfe in der Traumzeit

Rostrot erhebt er sich unvermittelt in der Wüste, wie ein gigantischer Kiesel, mitten ins Herz Australiens geworfen: Ayers Rock! Es ist trocken und heiß hier, inmitten einer Ödnis, 335 Kilometer von Alice Springs entfernt. »Uluru« nennen die Ureinwohner des sechsten Kontinents diesen Ort, ein Mythos schon in der Traumzeit: ein Fels, der die Menschen seit Jahrtausenden fasziniert, inspiriert, anzieht. »Ayers Rock« dagegen ist die Bezeichnung, mit der die europäischen Einwanderer das Unerklärliche benannt haben, nach dem Staatssekretär und späteren Premierminister Sir Henry Ayers. Dieses geologische Wunder, von den Weißen in Besitz genommen, sollte international zum Symbol für den ganzen Kontinent werden.

Uluru oder Ayers Rock, Australien

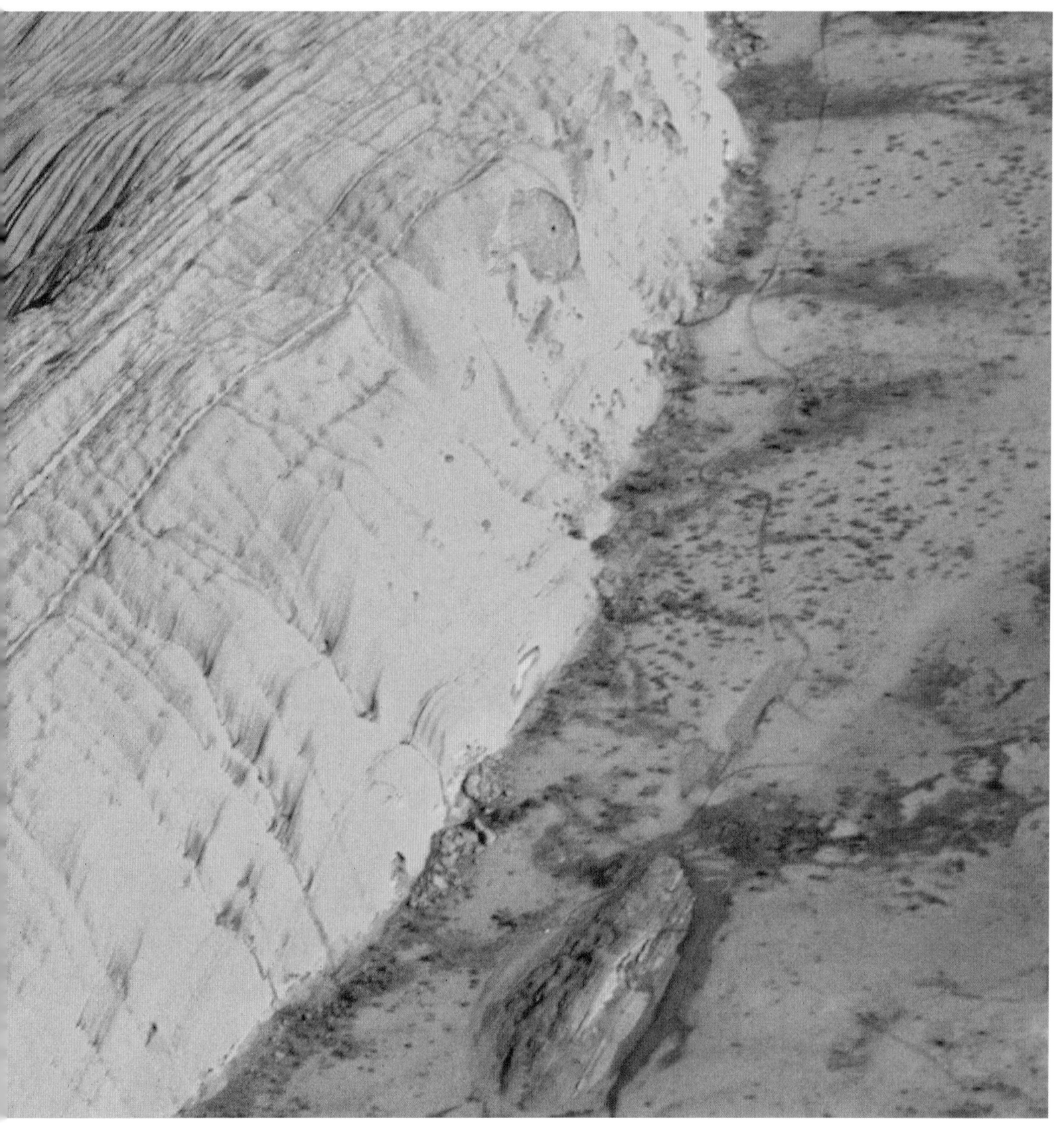

Regenbogen über dem Uluru

Ich nähere mich diesem zweitgrößten Inselberg der Erde zu Fuß und habe den Eindruck, dass ich ihm doch nicht näher komme. Der Highway schnurgerade, ein Band aus glühend heißem Asphalt liegt flirrend hinter mir. Im Sand vor mir die weichen Formen eines Gebildes, das jenseitig anmutet.

Vor einem Jahrhundert noch wäre es bis hierher schon eine Wüstenexpedition mit ungewissem Ausgang gewesen, der Aufstieg nicht ungefährlich und für Einheimische verboten. Erste europäischstämmige Abenteurer, die die Strapazen und Entbehrungen einer solchen Reise auf sich nahmen, kamen 1873 zu jenem geheimnisvollen Felsen der Ureinwohner, vor dem ich nun endlich stehe. Seit den Geschehnissen der »Traumzeit« war den Aborigines ihr *Uluru* heilig. In Form von Mythen besungen und kontinentweit im Bewusstsein der Menschen verankert als Wohnstätte des Nichts und zugleich voll schöpferischer Kraft.

Es ist nicht seine Höhe, die mit 863 Metern nicht unbedingt beeindruckend ist. Es ist die Unmittelbarkeit, mit der sich dieser in der Abendsonne glutrote Fels in der ansonsten völlig flachen Umgebung erhebt. Ich frage mich unwillkürlich, ob er vielleicht wie ein Eisberg in die Tiefe reicht. Geologisch soll der Berg ein sichtbarer Rest eines viel größeren Riesenfelsens sein, rund 600 Millionen Jahre alt. »Als sich einst der Boden eines Binnenmeeres hob, ist eine gewaltige Gebirgskette geformt worden«, heißt es in einer Legende über die Traumzeit der Aborigines. Durch die beständige »Arbeit« von Wind und Regen, seien nur der Uluru und die 36 Berge der Olgas davon übrig geblieben, sagen Wissenschaftler. Auch diese Erhebungen werden in ungezählten kommenden Jahrtausenden durch die Kräfte der Erosion verschwinden. Wird der Uluru auch dem trotzen? Er hat viel erlebt, seit die Weißen das Land in Besitz genommen haben. Menschen, denen das vermeintliche Nichts nichts bedeutet, während den Ureinwohnern dieses Nichts alles bedeutet. Seit 1985 gehören der Berg und seine nächste Umgebung wieder den Aborigines. Dieser Fels ist älter als die Menschheit und wir werden verschwunden sein, ehe der Berg verschwindet. Macht das den Mythos des Uluru aus? Die Aborigines geben keine Antwort und die weißen Siedler interessiert weder die Geologie noch die Mythologie, sie vermarkten nur eine Tourismusdestination.

Man muss kein Kletterer oder Bergsteiger sein, um den Ayers Rock bezwingen zu können. Der Touristenaufstieg ist mit Ketten abgesichert und nicht zu verfehlen. Ich selbst kletterte sogar ohne Probleme über mehrere ungesicherte Routen auf das Gipfelplateau und genoss vor allem die Wegsuche dabei. Da ich weder Seil noch Haken brauchte, geriet ich in einen Zustand der Schwebe: Als folgte ich den »Traumpfaden« (Bruce Chatwin) der Aborigines. Ich verließ mich ganz auf die natürliche Struktur der Felsen. Hätten die Parkwärter meine Kletterübungen bemerkt, sie wären wohl kaum begeistert gewesen. Sie wachen darüber, dass alles in vorgegebenen Bahnen verläuft.

Schon 1958 gliederte die Regierung des Northern Territory eine Fläche von 126 000 Hektar Land aus dem »Petermann-Aboriginal-Reservat« aus, um den Ayers Rock und die nahen Olgas zu schützen. Zu Anfang war im »Ayers Rock-Mt. Olga National Park« nur ein Ranger tätig. Mit dem Anstieg der Touristenzahlen kamen immer weitere hinzu. Die Folgen des Besucheransturms waren Infrastrukturmaßnahmen. Wie überall auf der Welt an solchen Orten. Bessere Verkehrsanbindungen und Unterkünfte wurden notwendig; waren es 1985 noch 100 000 Besucher pro Jahr gewesen, geht die Zahl heute in die Millionen. Und auch der Flugpionier Eddie Conellan, der ein halbes Jahr nach Gründung des Nationalparks eine erste Linienverbindung eröffnet hatte, baute seine Aktivitäten aus. Je mehr Touristen aber den Felsen selbst bestiegen, desto entschiedener drängten die Eingeborenen auf die Rückgabe ihres Heiligtums. Es kam zum Prozess. In dieser Zeit des politischen und juristischen Ringens um die Zukunft und die Eigentumsrechte am Nationalpark fochten die Ureinwohner verschiedener Stämme nicht nur um den Felsen selbst, sondern auch um seine Bedeutung. Es ging um den Wert des Nichts, das ihnen alles bedeutet. Die Wortführer der Aborigines – sie selbst nennen sich *Anangu* – erreichten 1985 in Canberra einen Kompromiss: Der Nationalpark von Ayers Rock und den Olgas wird für 99 Jahre an die Regierung verpachtet. Im elfköpfigen Verwaltungsrat des »Australian National Parks and Wildlife Service« sitzen sechs Eingeborene, die vor Ort lebenden Stämme erhalten einen Teil der Besuchergebühren. Camping im Park wurde verboten, stattdessen entstand zwanzig Kilometer von Ayers Rock entfernt das Touristendorf Yulara.

Kein Zweifel, die Touristen, die sich stündlich bis zum Gipfel hinaufhangeln, hinterlassen Schäden. Dazu kommen Lärm und Hektik. Viele fordern deshalb, der Uluru solle grundsätzlich für Besteiger gesperrt werden. Die neuen Besitzer allerdings argumentieren, dass der Park – schon allein aus finanziellen Gründen – weiterhin für Besucher offen stehen solle. Von den Einnahmen aus Eintrittsgeldern und Souvenirverkauf würden schließlich auch andere Projekte finanziert. Die sechs Aborigines und die fünf Weißen, die sich um eine einvernehmliche Lösung kümmern, handeln also im Interesse der »traditionellen Eigentümer« und dem Aboriginal Land Trust, dem das »Uluru-Kata Tjuta National Park« benannte Gebiet übergeben worden ist.

Von dieser komplizierten Vorgeschichte und dem juristischen Konstrukt weiß ich allerdings nichts, als ich an den rostroten Felsen hochklettere. Ich ahne auch nichts von dem, was die Aborigines empfinden, wenn sie sich dem Berg nähern. Ich weiß aber, dass erste Zeugnisse menschlicher Besiedlung hier mehr als 20 000 Jahre zurückreichen. Seit Jahrtausenden mag es eine homogene Entwicklung gegeben haben, weil die Weiten der unüberwindlich scheinenden Wüsten einen natürlichen Schutz vor den herannahenden Kolonialherren boten. Spät erst wurden die Menschen, die im heutigen Northern Territory lebten, durch die Kultur der Europäer beeinflusst. Mit den großen Veränderungen der vergangenen hundert Jahre aber – der Eroberung des inneren Australien durch die Weißen und den Tourismus – wandelte sich auch die traditionelle Lebensweise der Aborigines. Vertrieben wurden die angestammten Bewohner der Ayers-Rock-Region letztlich jedoch nicht von den Fremden, wie gerne behauptet wird; nomadisierende Stämme drängten ihre Landsleute aus ihrem uralten Siedlungsgebiet am Uluru nach Süden ab. Vor hundert Jahren mussten sie auch die Olgas ihren Widersachern überlassen. Die Pitjandjara mussten den Jangkundjara weichen, die seither als »traditionelle Eigentümer« des Uluru gelten. Zu Unrecht, wie ich meine.

Nach einer Umrundung des drei Kilometer langen Felsens erlebe ich die aufregendste Stunde des Tages am Uluru: Der Berg wird plastisch. Im Sonnenuntergang leuchtet er in allen möglichen, zuletzt düsteren Farben. Es sind Zwischentöne von Purpur bis Violett. Ganz klar treten seine Konturen, die ich beim Klettern greifen konnte, nun hervor. Im Dunkel

Abendstimmung in den Olgas

der schnell hereinbrechenden Nacht erscheint mir der Fels, dessen Besteigung so kurz war wie der Gang durch einen Klettergarten, wie ein großes Welträtsel.

Anderntags durchstreife ich die nahen Olgas. Kletternd, durch Canyons kriechend, über Spalten springend, an Graten balancierend, kann ich die Weite draußen und die Enge zwischen den einzelnen Felstürmen erleben, ohne je die Orientierung zu verlieren. Als gäben mir diese Berge Halt und Sicherheit. Mein Steigen, Klettern und Gehen folgt einem Kodex, den die Natur mir aufzwingt, ohne dass ich ihn als Zwang empfinde. Als wären Menschennatur und Landschaft hier eins. Nach der Vorstellung der Aborigines wurde diese Landschaft in der »Traumzeit« geschaffen. Einer Zeit, in der Wasserlöcher und Berge, Wüsten und Flüsse geformt wurden. Und parallel dazu auch die gesellschaftlichen Verhaltensregeln der Menschen festgelegt wurden. Die Ureinwohner des »roten Kontinents« lesen noch immer aus ihrer Welt. Und erfahren so in ihren Geschichten noch heute ihre Bestimmung.

Endeavour's River with the Vessel hauled on Shor...

James Cooks »Endeavour« ankert vor der Küste

Land, aus der Zeit gefallen

Wenn alles in der Welt seine Entsprechung hatte, wie der griechische Philosoph Aristoteles lehrte, dann war auch die als Kugel gedachte Erde symmetrisch aufgebaut. Wenn im Norden kalte, gemäßigte und heiße Zonen existierten, gab es sie auch auf der Südhalbkugel. Den Kontinenten im Norden mussten ebensolche Landmassen im Süden entsprechen. In seiner Weltkarte, die der berühmteste Geograph der Antike, Claudios Ptolemaios zeichnete, stellte er den Indischen Ozean als Binnenmeer dar – im Süden von einer riesigen von Afrika bis Asien reichenden Landmasse eingefasst, der »Terra Australis«, dem unbekannten Südland.

Ptolemaios blieb selbst dann noch die unbestrittene Autorität und das Südland auf allen Karten verzeichnet, als Bartolomäus Diaz 1487 das Kap der Guten Hoffnung erreichte und Fernando Magellan 1517 die Durchfahrt in den Pazifik, die später nach ihm benannte Straße, fand. Auch auf den Weltkarten von Abraham Ortelius und Gerhard Mercator, des Begründers der modernen Kartographie im 16. Jahrhundert, beherrscht die »Terra Australis« als gewaltiger Kontinent den gesamten unteren Teil der Südhalbkugel. Sie ist nur einige Breitengrade nach Süden verschoben, um die Durchfahrten um Afrika und Südamerika darzustellen. Die Kartographen fühlten sich im Einklang mit der zeitgenössischen Mathematik.

Diese argumentierte, dass es für die Balance der Erde, für ihre immer gleiche Umdrehungsgeschwindigkeit und die Stellung der Erdachse auf eine entsprechende Verteilung der Landmassen ankäme. Da südlich des Äquators ein Defizit bestehe, müsse es irgendwo einen noch nicht entdeckten Kontinent geben: die Terra Australis.

Von vornherein war unstrittig, dass es ein reiches Land sein würde. Das verbürgte schon seine Größe und die davon abgeleitete Zahl seiner Bewohner. Außerdem schrieb man die durch die Entdeckungsreisen gemachten Erfahrungen in die Zukunft fort. Hatten sich Asien und Amerika als riesige Basare, gefüllt mit Bodenschätzen, Rohstoffen und Luxuswaren erwiesen, durfte man beim noch fehlenden Kontinent das Gleiche hoffen. Berichte wie der des französischen Seefahrers Paulmyer de Gonneville, der auf seiner Fahrt nach Amerika im Jahr 1520 das Südland nicht nur gesichtet, sondern sogar betreten haben wollte, faszinierten Europa. Von einem Sturm sei er immer weiter nach Süden getrieben worden und hätte schließlich die Küste eines unbekannten Landes erreicht. Sechs Monate habe er sich dort aufgehalten. Gefunden habe er Eden, das Paradies, wo die Menschen zufrieden lebten, ohne zu arbeiten. Er brachte als Beweis Pelzwerk, Farbstoffe und Federschmuck mit und man glaubte nur zu gern dieser schönen Vorstellung, die auch dann nicht zerbrach, als der Engländer Francis Drake nach seiner Umsegelung von Feuerland und Kap Hoorn 1578 Südkurs setzte, aber nichts entdeckte außer den Wassermassen des Atlantik und Pazifik, die hier ineinander übergehen.

Noch in der zweiten Hälfte des 18. Jahrhunderts verfasste das angesehene Mitglied der Royal Society, der Hydrograph Alexander Dalrymple, eine Untersuchung über die bislang gemachten Entdeckungen im Südpazifik. Aus denen ließe sich ableiten, dass sich dort ein Kontinent befinde, dessen nördliche Küstenlinie sechstausend Kilometer lang sei und damit von »größerer Ausdehnung als der gesamte zivilisierte Teil Asiens, von der Türkei ostwärts bis zum äußersten China«. Fände man ihn, könne man leicht auf die aufmüpfigen nordamerikanischen Kolonien verzichten, denn angesichts von geschätzten 50 Millionen Einwohnern in der Terra Australis »reichten die Brosamen von diesem Tisch aus, die Macht, die Herrschaft und die Souveränität Britanniens zu bewahren, da damit alle Manufakturen und Schiffe Arbeit hätten«.

Nur ein paar Jahre später zerplatzten alle diese Träume durch die Pazifik-Reisen (1768–1775) des Engländers James Cook. Vom reichen Südkontinent blieb nur Australien übrig und die sich im nachhinein bestätigende Vermutung, dass sich ein Kontinent um den Südpol erstrecke, der allerdings wegen des Eises unzugänglich und wertlos sei. Cook segelte die gesamte Ostküste Australiens ab und war von dem Land, das er aufgrund seiner Bodenbeschaffenheit zur Besiedlung sehr geeignet fand, durchaus angetan. Allerdings wollten seine Bewohner mit den Besuchern nichts zu tun haben. Der Cook begleitende Naturwissenschaftler Joseph Banks stufte sie als »kaum besser als Tiere« ein, denn offenbar befanden sie sich auf dem Niveau der Steinzeit. Cook sah das anders: »Sie mögen wirken, als seien sie das elendste Volk auf Erden, sind aber weitaus glücklicher als wir Europäer. Ihr ruhiges Dasein wird nicht durch die Ungleichheit der Stände beeinträchtigt.«

Der Blick beider spiegelt weniger die Realität der Aborigines genannten Ureinwohner, sondern die der Betrachter. Banks äußert sich als überlegener Vertreter der europäischen Zivilisation, Cook als Sohn eines Tagelöhners, der sich seinen gesellschaftlichen Aufstieg mühsam erkämpfen musste.

Die Ureinwohner Australiens stammen wie unsere Vorfahren aus Afrika. Doch statt nach Norden, wie diejenigen, die Europa besiedelten, wandten sie sich nach Osten. Vor 40- bis 50 000 Jahren wanderten sie in den fünften Kontinent ein, als es

»Eingeborene, bereit zum Kampf«, Zeichnung aus dem Jahr 1773

noch Landbrücken zwischen Asien und Australien gab, die später, am Ende der Eiszeit, als die Gletscher abschmolzen, im Meer versanken. Abgeschnitten vom Rest der Welt, behielten sie ihre damalige Lebensform als steinzeitliche Jäger und Sammler bis zum Zusammentreffen mit den Europäern bei. Man schätzte die Zahl der Ureinwohner um 1800 auf etwa 300 000 Menschen, aufgeteilt auf etwa 600 Stämme, die keine Waffen und Geräte aus Metall benutzten, ohne Kleidung auskamen und keinen Ackerbau kannten. Innerhalb ihres Territoriums waren sie deshalb beständig auf Nahrungssuche: Die Männer als Jäger (Känguru, Emu, Vögel und Fische), Frauen und Kinder als Sammler (Knollen, Gräser, Kleintiere, Insekten). Angesichts eines Landes von 7,7 Millionen Quadratkilometern – Europa zählt 10,5 Quadratkilometer – fand sich immer genügend Essbares, um zu überleben. Letzten Endes stellen die Aborigines eine ungeheuere Provokation gerade für eine Gesellschaft dar, die glaubt, sich beständig verändern, modernisieren, globalisieren zu müssen und für die Stillstand Rückschritt bedeutet. Die Ureinwohner Australiens setzten dagegen auf die Abfolge des immer Gleichen, ausgedrückt in Gesetz und Ritual. Sich ihm zu unterwerfen, es nicht zu verändern, sondern es mit Sorgfalt und Aufmerksamkeit zu beachten, gab ihnen Sicherheit. Es begann damit, dass jeder wusste, wie und warum die Welt entstanden war.

»Am Anfang schuf Gott Himmel und Erde«, beginnt die Bibel, »und die Erde war wüst und leer.« In nur sechs Tagen ist die gesamte Schöpfung fertig, und Gott ruht am siebten Tage von seiner Arbeit aus. Den Aborigines wäre diese Erklärung sehr unwahrscheinlich vorgekommen. Auch ihre Erde war anfangs ungestaltet, konturlos, flach und dunkel, aber sie enthielt bereits alles, was zu ihrer Gestaltung nötig war. An Wasserlöchern kauerten in einem Zustand zwischen Leben und Tod die Vorformen des Menschen: zusammengewachsen an Händen und Füßen, mit verschlossenen Mündern, Nasen, Augen und Ohren. Im Erdboden aber schliefen Tausende von übernatürlichen Wesen (Ahnen), ebenso Sonne, Mond und Morgen- und Abendstern (Venus). Als sie erwachten, brachen sie in tierischer, pflanzlicher oder menschlicher Gestalt aus der Tiefe hervor, begannen zu wandern und indem sie über die

Erde streiften, formten sie die Landschaft mit ihren Bergen und Tälern, Flüssen und Seen, Küsten und Wüsten, Tieren und Pflanzen. Sie fanden die Menschen und machten sie zu den Wesen, die sie heute sind, öffneten ihre Sinnesorgane und vermittelten ihnen die Kenntnisse, die zum Überleben notwendig waren: den Gebrauch des Feuers, die Kunst zu jagen, die Zubereitung der Nahrung. Dort wo die Ahnen »geboren« wurden, sind Orte großer Kraft entstanden – sie werden später zu Kultplätzen – und wo sie über das Land gingen, blieben überall ihre Spuren zurück. Stromleitungen vergleichbar, die man jederzeit anzapfen kann, man musste nur wissen, wo sie verlaufen.

Dieses Wissen wurde von den Ältesten bewahrt und weitergegeben. Es existierten verschiedene Stufen der Einweihung, die erste bestand in der Aufnahme in den Kreis der Männer, die letzte erreichte man im Alter. Äußeres Zeichen war die Beschneidung (Zirkumzision), mit der man den letzten Rest des Weiblichen entfernte und den Jüngling damit zum vollwertigen Mitglied des Stammes machte. Die Frauen spielten im Kult keine Rolle. Sie waren zu den Ritualen nicht zugelassen und mussten sich bei Todesstrafe fernhalten.

Jeder Aborigine führte seine Abstammung auf einen Ahnen dieser »Traumzeit« genannten Phase zurück. Es war sein Totem, sein Verbündeter, der ihn schützte und ihm half. Im Gegenzug forderte dieser Verehrung und Respekt. Das jeweilige Totemtier (Känguru, Schlange, Eidechse, Beutelwolf, Emu etc.) durfte man nicht verletzen, geschweige denn es töten und essen. Wer sein Ahne war, ergab sich bei der Wanderung des Stammes über ihre Wege. Dort, wo sich das Kind zum ersten Mal im Mutterleib rührte, war sein geistiger »Geburtsort« und die Ältesten wussten genau, um welchen Ahnen es sich handelte. Festgelegt war damit auch der Radius seines Lebens, sein Territorium, der Ort, der ihm die größte Kraft spendete. Ein überaus praktischer Glaube, der Übergriffe auf fremdes Land ausschloss, weil dort nicht die richtigen Ahnen wohnten. Ganz Australien war mit diesen Wegen der Ahnen überzogen und da diese Wesen zwar übernatürlich, aber trotzdem wie Menschen agierten, ließen sich für den Eingeweihten ihre Geschichten in der Landschaft lesen. Felsen wurden zu Frauen, die bestraft worden

»Bilder aus der Traum-
zeit« – Felsmalerei der
Aborigines

waren, weil sie ihre Männer verlassen hatten, Klippen zu gefährlichen Schlangenmännern, die sich jederzeit zurück verwandeln konnten, in Seen und Flüssen wohnte die gewaltige Regenbogenschlange, die man erst mit einem Opfer versöhnte, bevor man ins Wasser stieg oder trank. Ein Gebirgszug war eigentlich ein Riese, der sich einst zwischen zwei streitende Stämme gelegt hatte und der Gipfel des höchsten Berges war nichts anderes als sein Schädel, in dem man die Augenlöcher klar erkannte. Nur die Weißen – unkundig der Traumzeit-Geschichten – hielten sie für simple Höhlen.

Mit den Erzählungen wurden auch soziale Botschaften transportiert. Wer seine Beute nicht mit den Stammesangehörigen teilte, musste gewärtigen, dass die Erde aufbrach und ein Geistwesen ihn verschlang. Wer Frauen Gewalt antat, konnte in ein Hasenkänguru verwandelt und damit zur leichten Jagdbeute werden. Das »Gesetz der Alten«, das alle

Stämme einhielten, galt selbst für die Traumzeit-Ahnen, wenn sie beispielsweise mit Frauen verkehrten, die ihnen verboten waren. Felssäulen zeigen, was mit diesen Gesetzesbrechern und ihren Geliebten geschah.

Umgekehrt wuchs den Eingeweihten eine große spirituelle Kraft zu, wenn man sich mit den Ahnen im Einklang wusste. Mit der Mingulpa-Pflanze versetzten sich die Aborigines in einen Rauschzustand, wenn es notwendig war, ein Wasserloch zu »träumen« oder eine Jagdbeute. In tiefe Meditation versunken, betrachteten sie die Landschaft aus der Vogelperspektive, überflogen sie und »sahen«, was sie brauchten.

Unabdingbar war es jedoch, die Wege der Ahnen, die »Traumpfade«, regelmäßig zu begehen, und sich ihre Geschichten an den entsprechenden Kultorten immer wieder ins Gedächtnis zu rufen. Denn da die Welt von den Ahnen durch Wille und Vorstellung geschaffen worden war, konnte ihre Existenz nur durch die gleichen Mittel aufrechterhalten werden. Im erzählten und gesungenen Ritual bezeugten die Aborigines ihre dankbare Verehrung und sorgten gleichzeitig für den Fortbestand der Schöpfung. Wandern war damit immer beides: spirituelle Pflicht und lebenssichernde Notwendigkeit.

»Ganz Australien ist eine heilige Stätte, wohin ihr auch geht«, schreibt der Aborigine-Dichter Archie Weller. Denn das Netz der »Traumpfade«, das die meist an unversiegbaren Wasserlöchern gelegenen Zeremonialplätze miteinander verbindet, ist dicht geknüpft, oder besser war, denn heute haben Städte, Straßen, Eisenbahnlinien, Farmen und Bergwerke diese Struktur teilweise irreparabel beschädigt. Der bekannteste dieser Kultorte ist der *Uluru*. Fast auf dem Mittelpunkt Australiens gelegen, wird er in Reiseführern gern als das »heilige Zentrum des Kontinents« bezeichnet, was er aber niemals war und was auch nicht der Mythologie der Aborigines entsprechen würde. Der *Uluru*, der größte Inselberg der Erde, ist ein monolithischer Block aus rotem spätkambrischem Sandstein, das gigantische Relikt eines Gebirges, das sich vor 500 Millionen Jahren hier auftürmte. Der 867 Meter hohe Berg wurde erst 1873 durch den australischen Landvermesser William Gosse entdeckt, der ihn so beeindruckend fand, dass er ihm den Namen des damaligen australischen Premierministers Henry Ayer gab. Er ist frei von jeglicher Vegetation, reiner nackter Fels, in den kein Wasser eindringt, Regen an ihm herunterläuft. Rund um seinen Fuß gibt es deshalb Dutzende von Wasserlöchern und Kavernen und dementsprechend eine üppige Vegetation und viel Wild. Damit bietet er für einen Kultplatz auch größerer Gruppen die besten Voraussetzungen, nämlich Nahrung und Wasser, dazu noch in den vielen Höhlen des Berges einen sicheren Unterschlupf.

Wie der Berg entstanden ist, erzählen zwei Geschichten. Nach der ersten haben zwei Traumzeit-Ahnen im Jungenalter aus Spaß den Uluru aus Sand und Matsch geformt. Ein Ahne aus dem Eidechsen-Clan probierte in der Nähe seinen Bumerang aus. Als er ihn in Richtung des Berges warf, verschwand der Bumerang im locker aufgeschütteten Sand auf Nimmerwiedersehen. Wie sehr der Eidechsenmann nach ihm suchte, belegen die vielen Löcher, die der Berg noch heute hat.

Nach der zweiten, ungleich tiefgründigeren Variante hat es den Berg in der Traumzeit noch gar nicht gegeben. Wo er sich heute erhebt, lebten einst zwei Clans. Die Mala mit dem Totem Hasenkänguru im Osten und die Kunia mit dem Totem Teppichschlange (ein Python mit schwarzem Kopf, braun-weißer Zeichnung und bis zu fünf Metern Länge) im Westen. Die Mala waren gerade damit beschäftigt, ein großes Initiationsritual vorzubereiten, als sie die Einladung der etwas weiter entfernt lebenden Windulka mit dem Totem Mulgasamen (eine Akazienart) erreichte. Sie sollten zu einem großen Fest kommen und einen Adler mitbringen, dessen Federn für ein Ritual gebraucht würden. Die Mala lehnten ab, sie seien selbst gerade mit den Vorbereitungen eines Fests beschäftigt. Ein Affront, denn nach dem Gesetz der Stämme durfte man eine solche Einladung nicht ablehnen.

Die Kunia, die ebenfalls eingeladen waren, sagten hingegen zu. Unterwegs aber begegneten sie einer Gruppe attraktiver Frauen, bei denen sie blieben. Die Windulka warteten, wurden ungeduldig und wiederholten ihre Einladung in schärferem Ton. Doch niemand kam. Die versetzten Gastgeber schworen Rache. Ihre Schamanen formten aus Akazienästen und Känguruzähnen einen Teufelshund und sangen die ganze Nacht, um ihn zu beleben. Am Morgen war es vollbracht: Sie hatten ein bösartiges Wesen erschaffen, das vor Mordlust zitterte. Gegen Mittag erreichte es das Gebiet der Mala. Der Teufelshund überfiel das Volk, tötete viele und vertrieb die Überlebenden aus ihrem Stammesgebiet. Nun waren die Kunias an der Reihe. Gegen sie boten die Windulkas die befreundeten Lirus mit dem Totem Giftschlange auf. In einer Schlucht trafen die beiden Stämme zur großen Schlacht aufeinander. Die beiden besten Krieger, der Kunia Ungata und der Liru Kulkitjeri, lieferten sich einen harten Zweikampf. Ungata, der seinen Gegner schwer am Kopf verwundete, trug seinerseits so viele Wunden davon, dass er verblutete. Kulkitjeri wurde daraufhin von Ungatas Mutter, die den Tod ihres Sohnes nicht verwinden konnte, erschlagen.

Die Kunias, untröstlich über den Tod ihres gefallenen Anführers und den zahlreicher anderer Stammesmitglieder, begingen nach dem Kampf kollektiv Selbstmord, indem sie sich »aus der Welt sangen«. Die Erde, Zeuge all dieser furchtbaren Geschehnisse, war von diesem Leid so erschüttert, dass sie aufplatzte und den Uluru als Mahnung hervorbrachte – als ein zu Stein gewordenes Archiv der Ereignisse. Denn in seinen Fels ist jedes Detail eingeschrieben und alle Personen, alle Handlungen haben ihre Entsprechung in den Formen der Landschaft. Gleichzeitig bildet der Berg einen Schrein, der die Geister der Toten bewahrt.

Die Isolation Australiens vom Rest der Welt hat zu einer einzigartigen zivilisatorischen Leistung geführt. Obwohl in Hunderte von Clans über ein riesiges Territorium verteilt, ohne Kenntnis der Schrift, also nur mündlich tradiert, haben die Stämme in Zehntausenden von Jahren eine den ganzen Kontinent umspannende Mythologie geschaffen. Ihr Kern ist die von göttlichen Wesen belebte Natur, die dem Menschen alles gibt, was er benötigt. Dafür dankt er ihr im Ritual und greift in ihre Abläufe nicht ein, verehrt sie vielmehr als ihm gewährte Gaben. Sei es in der Quelle, die für ihn sprudelt, im Wild, das sich von ihm fangen lässt, im Feuer, das die Ahnen ihm geschenkt haben. Dass er seine Umwelt nicht über Gebühr beansprucht, ergibt sich aus seiner Lebensweise, die weder Ackerbau noch Viehzucht noch Vorratshaltung kennt, dafür aber die Gewissheit, dass für den streifenden Jäger und die wandernde Sammlerin jeden Tag der Tisch der Natur reichlich gedeckt ist.

Nord-amerika

Verschollene Mythen

»Kommt auf den Pfad des Gesanges, wo man die Fußspur nicht sieht, über den Regenbogen, herab die Felsenschlucht.

Kommt auf den Pfad des Gesanges, Götter der Navajo, aus blauem Himmelsland und herauf aus der Unterwelt«, heißt es in einem Lied der Navajos, das längst vergessen ist wie die allermeisten ihrer Mythen auch. Nur in den Felsen und Sanddünen sehen die Ureinwohner, soweit sie nicht aus ihrer alten Heimat vertrieben wurden, da und dort noch Gesichter.

Kings Mountains, Alaska

Red Mountain, San Juan Mountains,
Colorado

Half Dome im Yosemite Park,
Kalifornien

In einer Sonnenuntergangsstunde, in heiliges Feuer gehüllt,
werde ich in dich übergehen,
Geist des unendlichen Sandes, Zerstörer der Berge,
und deine Nacht wird meinen einzigen Wunsch erfüllt haben.
Navajo

Mount Mc Kinley, Alaska

San Francisco Peaks

Im Land der Navajo

Die Landschaft von Arizona hat einen ganz eigentümlichen Reiz. Tiefe Schluchten durchziehen das Land, Canyons, die wirken, als habe die Erde den Blick auf ihre Mitte freigegeben. Bizarre Felstürme ragen in den Himmel hinauf, Zeitzeugen, über sechs Millionen Jahre alt, geformt vom Wind und dem Colorado River. Auch der Bergstock der San Francisco Peaks erzählt eine Geschichte – eine, die mehr ist als eine geologische. Die Peaks sind die heiligen Berge der Navajo.

Weaver's Needle, Arizona

San Francisco Peaks, Arizona

In Nordamerika, speziell in den USA, ist wenig von der ursprünglichen Kultur der indigenen Ureinwohner übrig geblieben. In den Reservaten der sogenannten First Nation werden zwar überliefertes Brauchtum und alte Handwerkskunst gepflegt – nicht zuletzt als Touristenattraktion –, von ihrem Naturglauben und Erfahrungswissen aber ist im Laufe der Jahrhunderte des Ausrottens, der Verfolgung und Unterdrückung zu viel verlorengegangen. Auch was die Bedeutung ihrer heiligen Berge angeht.

Wie überall in den Gebirgsregionen der Welt mussten auch die Ureinwohner des heutigen Arizona erst lernen, unter schwierigen Umständen zu überleben. Dieser Kampf ums Überleben hat zu einer starken Bindung der Menschen zu ihrem Land geführt: Das Verständnis von Natur und ihren Gesetzen war mehr als Know-how, es war die Basis ihrer Kultur. Überlebenskunst, Bräuche und Traditionen sind in dieser steinigen Welt unendlich langsam gewachsen, sie haben sich eingeschrieben in die Gene ihrer Bewohner.

Als ich 1999 zum ersten Mal nach Arizona kam, war ich so fasziniert von der gebirgigen Landschaft zwischen Colorado River und Ship Rock, Monument Valley und Window Rock, dass ich überall hin wollte. Mein Ziel aber waren die San Francisco Peaks, nicht weit entfernt von Flagstaff, einer Stadt mit rund 66 000 Einwohnern. Hinter dem Ort erhebt sich weithin sichtbar das viergipflige Massiv. Die höchste Erhebung dieser Kette aus erloschenen Vulkanen misst kaum 4000 Meter, die Flanken des kegelförmigen Humphreys Peak sind bis in Gipfelnähe von Espen und leuchtend grünen Ponderosa-Kiefern bewachsen. Die Peaks gehören zu einem vulkanischen Feld aus über 600 vergleichsweise jungen Vulkanen, die vor weniger als sechs Millionen Jahren entstanden sind. Die ganze Gegend ist durchzogen von Kratern und schwarzen Lavafeldern, dazwischen tiefe Schluchten, die das Wasser zahlreicher Quellen gegraben hat. Am Horizont erheben sich die Mesas – schwarze und rote Tafelberge –, die ich aus Indianerfilmen zu kennen glaubte. Tatsächlich waren die San Francisco Peaks einst die westliche Grenze des Siedlungsgebiets der Navajo und Hopi.

Der »Totempfahl« im Monument-Valley, Arizona

Wenn man vor dieser beeindruckenden Naturkulisse steht, erscheint es nur naheliegend, dass diese sich vor dem Horizont scharf abzeichnenden Berge den Navajo heilig waren. Wie der Navajo Mountain im Norden, die höchste Erhebung der Region, die sie als Kopf eines Gottes verehrten. Für die Navajo waren Berge steingewordenes Gebet, erschaffen vom »Ersten Mann« und der »Ersten Frau« und mit einem Sonnenstrahl am Himmel befestigt. Hier in diesem Gebiet, das von insgesamt sechs *sacred mountains* eingerahmt wird, haben sie als Volk ihren Ursprung. Davon erzählen alte Legenden, in denen auch die Kraft der Berge lebendig wird. Auf ihnen wohnten die Geister, die den Menschen

Gutes wie Böses brachten. Es ist eine ähnliche Sicht wie damals bei uns in den Alpen.

Die religiöse Vorstellungswelt der First Nation insgesamt wurde aber von anderen Kriterien bestimmt als in Europa. Religion und Kultur der Navajo zeigten sich zuallererst in ihrer Art zu leben. Der Mensch ist nicht die Krone der Schöpfung, sondern Teil des großen Ganzen. Im Kosmos muss alles im Gleichgewicht, in Harmonie bleiben. Um gesund, lebensfroh und glücklich zu sein, galt es, offen – zur Gemeinschaft und zur Natur hin – und selbstbestimmt zu leben.

Ihre heutige Lebensweise allerdings trägt ein anderes Gesicht: Das Gelände der Reservate erscheint steril, Autowracks und Sperrmüll überall. Pferde habe ich selten gesehen, Wohnmobile häufig und in jedem Hof befindet sich eine Satellitenschüssel.

Das Land, das bereits vor 15 000 Jahren von Menschen bewohnt war, prägte auch die religiöse Vorstellung der frühesten Ureinwohner: Die Berge boten Schutz, markierten Grenzen, erlaubten Übersicht und waren allein deshalb Symbole der Verehrung – bis zum heutigen Tag. Die Navajo beteten nicht die Sonne an, sondern den Gott Tsohanoai, der die Sonne auf seinem Rücken über den Himmel trägt. Ihre Religion war eine Naturreligion, in der Praxis mit geheimem Wissen und besonderen Riten untermauert: Weil die Navajo sich zum Beispiel vor Totengeistern fürchteten, wurden Verstorbene mit allem Hab und Gut verbrannt. »Die Gedanken sollten nicht in das Haus des Todes wandern«, sagen sie.

> Ob am Beginn der Zeit das Mark der Erde durch ihre Umhüllung gebrochen ist? Ob damit die Bewegung der Weltkugel begonnen hat? Es gibt jedenfalls Dinge in der Natur, die erzeugen eine erschreckende Stille im Herzen des Menschen. Der Devils Tower ist einer von ihnen.
> N. Scott Momaday

Uralt erschien mir dieses Land – die bizarren Felsen, unverwechselbaren Gestalten gleich, die den heutigen Menschen an die verschiedenen Phasen der Erdgeschichte erinnern mögen, den einstigen Bewohnern aber so viel mehr waren. Die ersten Menschen, die den Kontinent besiedelt haben, wussten nichts von den Schätzen unter dem Boden ihres Landes, von Öl und Uran, Kohle und Metallen. Doch sie wussten die Zeichen der

Natur zu lesen. Die Gesteinsformationen waren für sie lebendige Zeugen, steingewordenes Gedächtnis der Vergangenheit, zurechtgeschliffen von Wind und Regen. An Bäumen und Felsen finden sich vereinzelt heilige Zeichen, die auf alte Kultplätze verweisen. Heute noch ziehen die Herden der Navajo über die weiten *Mesas*, der Mensch mit ihnen durch die engen Canyons, über das Hochland, vorbei an versteinerten Wäldern, erloschenen Kratern, erstarrten Lavamassen. Die Zeichen der Natur sind noch da, nur ihre Bedeutung hat sich gewandelt, das tiefverwurzelte Verständnis dafür ist geschwunden. Es ist nicht mehr selbstverständlich, dass alte Weisheiten den Alltag bestimmen, dass das Land das Volk heilt, das zwischen seinen heiligen Bergen geblieben ist.

Die Navajo respektieren die Naturkräfte als nicht beherrschbar. Weiße Männer, sagen sie, wollen alles erobern, alles besitzen und alles wissen, weil sie nicht ahnen, dass alles Haben zuletzt Langeweile wird und die Ehrfurcht vor der Natur aufhebt. Den Ship Rock zum Beispiel, eine Kathedrale der Navajo, nennen die Indianer *Tse Bit a i*, den »geflügelten Fels«. Diesen Ship Rock – in der Wüstenebene des San Juan Basin gelegen – zu besteigen, um zu demonstrieren, dass der Mensch als Beherrscher des Universums es kann, wäre für die Navajo ein Sakrileg. Der Ship Rock zählt zwar nicht zu den vielen heiligen Bergen, die ihr Reservat in allen Himmelsrichtungen säumen – Mount Taylor im Süden, Hesperus Peak im Norden, Mount Blanca im Osten und die San Francisco Peaks im Westen –, er ist aber eines ihrer sieben steinernen Weltwunder.

Die Navajo kennen keine guten Geister und Lieder sind ihr Gebet. Das Gebet wurde einst zur Aktivierung der Naturkräfte gesprochen, rezitiert, gesungen, meist von Frauen. Im Familienverbund herrschte vielfach das Matriarchat und der Clan gab Geborgenheit über die Familie hinaus. Diese Art Gemeinschaft gab weit mehr Sicherheit als alle Versicherungspapiere der globalisierten Welt, die Konsum und Kapitalmarkt zu ihren »guten Geistern« erhoben hat, um das Vertrauen ihrer ahnungslosen »Gläubigen« nicht zu erschüttern.

Ship Rock, Arizona

San Francisco Peaks, Arizona

Heiligtümer aus Stein

Die Sonne ist gerade aufgegangen, als die Jungen den *Hogan*, die traditionelle Blockhütte der Navajos, verlassen. Sie tun es jeden Morgen, sommers wie winters, egal bei welchem Wetter. Sie beginnen zu laufen und dabei rufen und singen sie, was ihre Kehlen hergeben. Beides ist entscheidend und wichtig für ihr künftiges Leben. Denn die Erde soll sich an den Rhythmus ihrer Schritte gewöhnen und die Götter und Ahnengeister sollen den Klang ihrer Stimmen hören, damit sie ihnen vertraut werden und sie sie wiedererkennen, wenn die Jungen ihre Hilfe benötigen und sie im Gebet anrufen.

Die Jungen rennen über Stock und Stein durch die Wildnis der Halbwüste Arizonas. Doch sie fühlen sich gut behütet. Denn so, wie die elterliche Blockhütte mit ihren vier starken Balkenwänden und ihrem Bewurf aus Lehm und Erde sie vor Frost und Hitze schützt, legen sich vier heilige Berge wie ein Ring der Sicherheit um das Stammesgebiet. Im Süden der *Tsolltsilth* in den San-Mateo-Bergen New Mexicos, den die weißen Amerikaner Mount Taylor nennen, im Norden der *Debeh-ent-sah* oder Hesperus Peak in der La-Plata-Kette in Colorado, im Osten der *Siss-najini* oder Wheeler Peak, der mit 4011 Metern höchste Berg New Mexicos, oberhalb des Städtchens Taos. Im Westen liegt der *Dogo-shee-ed*, der höchste Berg Arizonas, dem spanische Franziskaner den Namen ihres Ordensgründers gaben: San Francisco Peaks. Auf indianischen Sandbildern, die ähnlich den tibetischen Mandalas farbig ausgeführt und bei religiösen Zeremonien und bei der Krankenheilung eingesetzt werden, sind die Berge an ihren Farben sofort zu erkennen. Blau symbolisiert den Süden, Schwarz den Norden, Weiß den Osten und Gelb den Westen. Unsichtbar für das Auge, aber sichtbar für das Herz, bleibt der fünfte, der *Tsilth-nah-ot-zitly*, die in der Mitte der vier heiligen Berge gedachte zentrale Achse des Kosmos, der Ort, an dem das erste Menschenpaar aus der Unterwelt hinaufgestiegen ist und Stamm und Gebiet der Navajo begründete.

Der mit dem Mythos formulierte Anspruch, die Ersten gewesen zu sein, die das Land besiedelten, zeigt sich auch in der Eigenbezeichnung der Navajo, die sich selbst *Dinè*, Menschen, nennen. Doch wie ihre Zugehörigkeit zur athapaskischen Sprachfamilie belegt, sind sie aus dem fernen Norden des Kontinents eingewandert. Angesichts konkurrierender Stämme war es geschickt, zu behaupten, ihre neue Heimat sei ihr ursprünglicher Wohnsitz. Umso mehr, als sich ihre nomadische Lebensweise von den sesshaften und Ackerbau betreibenden Ureinwohnern, den Pueblo-Indianern, unterschied.

Der Erste Mann und die Erste Frau legten daher gleich zu Anfang die Grenzen des Stammesgebietes fest, indem sie die heiligen Berge erbauten. Im Osten war es Sand und Muschelkalk, das sie als Material benutzten, im Süden Sand und Türkis, im Norden schwarzer Sand und Pechkohle, im Westen gelbroter Sand und die Gehäuse von Meeresschnecken. Damit sie auf ewig bei den Menschen blieben, befestigten sie die Berge am Boden mit einem Sonnenstrahl, einem Blitz oder einem Feuerstein-Messer, schmückten sie mit Wolken und Muscheln und bevölkerten sie mit allen Arten von Tieren; dazu stellten sie auf jeden Gipfel einen Teller mit den Eiern des Gold-Waldsängers. Zu diesem symbolischen Mahl legten die beiden Decken aus flammendgelbem Abendlicht, Nebel, blauem Himmel und Dunkelheit bereit und schufen so einen behaglichen Wohnsitz für die jeweilige Schutzgottheit des Berges, der gleichzeitig als Wächter der Stammesgrenzen fungierte.

Das sorgfältige Arrangement dieser »guten Stube« belegt eine intime geistige Verbindung, die Menschen und Götter fast gleichwertig betrachtet. Letztere wohnen nicht abgesondert, erhaben und unnahbar in weit entfernten Himmeln, sondern sind auf den Bergen gegenwärtig, wie vertraute Freunde, auf deren Hilfe man sich verlassen kann. Von hier holen die Medizinmänner ihre Heilkräuter und in den *Hogans* der Navajos hängen Lederbeutel, die mit der Erde aller vier heiligen Berge gefüllt sind, um so deren spirituelle Kraft in die Häuser zu tragen.

Viele ihrer religiösen Vorstellungen haben die Navajo von den Hopi übernommen, Pueblo-Indianern, die seit jeher im Gebiet des Südwestens der USA leben und die direkte Nachfahren der Anasazi sind, einer hochentwickelten indianischen Handels- und Ackerbaukultur, die am Abhang der Canyons Siedlungen für mehr als zweitausend Bewohner errichtete und deren Blütezeit auf die Jahre zwischen 1000 und 1500 datiert wird. Die Schöpfungsgeschichte der Hopi beginnt mit einem goldenen Zeitalter, der ersten Welt, die aber wegen der Uneinigkeit, der Gier und des Egoismus der Menschen von den Göttern zerstört wurde. Eine Strafe, die auch die zweite und dritte Welt traf. Doch immer durften diejenigen, die sich moralisch einwandfrei verhalten, also die Harmonie der Schöpfung geachtet hatten, in die jeweils nächste Welt überwechseln. Die Hopi der vierten Welt stellen somit eine Elite dar, die begriffen hatte, was die Götter von ihr erwarteten. Eben deswegen haben sie bewusst das harte, entbehrungsreiche Leben in den Trockensavannen Arizonas und New Mexicos gewählt – auf dass nicht durch Komfort und materiellen Wohlstand ein moralischer Verfall einsetze, der die Existenz der vierten Welt gefährdete. Ihrem Glauben zufolge liegt im Land der Hopi das spirituelle Zen-

Eulen-Felsen, Arizona

trum der Welt, hier fällt die Entscheidung über Untergang oder Fortbestand. Wenn die Hopi dem Plan der Schöpfung folgen, wenn sie es schaffen, im Einklang mit der Natur und ihren Kräften zu leben, wird die Welt erhalten bleiben. Sämtliche Hopi-Zeremonien, schreibt der Indianerforscher Frank Waters, dienen dem Zweck, »die ursprüngliche Harmonie der kosmischen Kräfte zu erhalten, um auf diese Weise den Fortbestand der Welt zu sichern«.

Im Gegensatz zu den Navajo haben die Hopi nur einen heiligen Berg: die San Francisco Peaks. In ihrer Sprache heißt er »der Schneeberg, der höher als alles andere ist«. Sie verehren ihn als Ursprung des Regens, der die Erde fruchtbar macht. Anders als die nomadischen Navajo, deren heilige Berge die Funktion haben, das Territorium zu begrenzen, innerhalb dessen die Herden wandern, steht bei den Hopi das Wasser im Mittelpunkt, das die Felder benötigen. Deswegen sind alle Feste des agrarischen Jahrs von der Aussaat bis zur Ernte auf den Berg hin orientiert.

Die Ahnengeister (*kachinas*), die dafür sorgen, dass sich Wolken bilden, wohnen auf den San Francisco Peaks. Früher lebten sie mitten unter den Hopi, aber weil man sie nicht mit genügend Respekt behandelt hatte, zogen sie sich auf den heiligen Berg zurück. Nun müssen sie mit komplizierten Zeremonien, in denen sich die Hopi mit Masken als ihre jeweiligen Ahnen verkleiden, wieder herangelockt werden. Gelingt das, verbinden sie sich bei der Feier der Wintersonnenwende mit den Körpern der Maskentänzer und bleiben bis zur Maisernte. Nach der Sommersonnenwende werden sie mit einem Erntedanktanz verabschiedet und kehren auf den Berg zurück. Zur stetigen Erinnerung an das, was man dem Berg und den Ahnen schuldet, grüßen die Hopi an jedem Morgen bei Sonnenaufgang die San Francisco Peaks als Quelle der Fruchtbarkeit und Kraft und werfen eine Handvoll Maismehl als Opfer in Richtung des Berges.

Im Glauben der Indianer spiegeln die Peaks Gedanken, deshalb ist Vorsicht geboten, wenn man den heiligen Berg ansieht und dabei schlechte Dinge denkt. Gleiches gilt für Pilgerreisen dorthin. Am besten ist es, zu singen, ähnlich einem Mantra, damit der Geist leer werde – bekanntlich das Schwerste. Wer die Ahnen beleidigt, muss sie wieder versöhnen, sonst gerät er in Todesgefahr. Wer sich in diesem Sinne asozial verhält, gefährdet nicht nur sich, sondern die Gemeinschaft. Denn die Ahnen reagieren auf Beleidigungen mit der Verweigerung des Regens. Es ist Aufgabe aller Hopi, solche Störungen zu vermeiden, indem die nötigen Rituale mit großer Sorgfalt zelebriert und die Tabus eingehalten werden. Als Wächter des heiligen Berges sichern sie damit den Fortbestand des Stammes, sonst drohen Erdbeben, Überschwemmungen, Dürre. Die richtige Lebensweise zeigt sich vor allem im Verhalten zu anderen Lebewesen. Jedes besteht aus einer materiellen Schale (Körper) und einer Seele (Geist). Wenn man einen Körper auslöscht, was nur zur Befriedigung der Grundbedürfnisse erlaubt ist, muss man den Geist des Getöteten, beispielsweise den eines Hirschs, vorher besänftigen. Versäumt man dieses Ritual, misslingt die Jagd, selbst wenn sie erfolgreich sein sollte.

Navajo und Hopi standen sich aufgrund ihrer verschiedenen Wirtschaftsweisen, dem klassischen Gegensatz zwischen sesshaften Ackerbauern und nomadisierenden Viehzüchtern, wie es uns schon die Bibel am Beispiel von Kain und Abel vorführt, oft als Feinde gegenüber. Heute eint sie der gemeinsame Kampf für die heiligen Berge ihres Landes. Der Plan, die San Francisco Peaks zu einem großen Skigebiet auszubauen, stößt auf ihren erbitterten Widerstand. Nötig wäre dazu die Rodung von 30 000 Bäumen, um Platz für Lifte und Pisten zu schaffen. Ebenso ist eine Rohrleitung mit einer Kapazität von vierhundert Millionen Litern Abwasser pro Jahr für künstlichen Schnee vorgesehen. Bereits jetzt sind die geschlagenen Schneisen von weither sichtbar. Die Auswirkungen auf das religiöse Empfinden der Stämme sind immens. Denn wie soll man sich Kraft, Geborgenheit und das Empfinden kosmischer Harmonie von einem Berg erhoffen, wenn sein Anblick nur Zorn über seine Verschandelung hervorruft? Auch dem Abendland ginge seine christliche Spiritualität verloren, würden an den Kathedralen Klettergerüste installiert und führten Rutschbahnen in die Krypten.

Süd-amerika

Auferstehung der Toten

Der Halbkontinent, offiziell so katholisch, dass er den neuen Papst stellen durfte, ist unter einer dünnen christlichen Firnis seinen alten Mythen treu geblieben. Getarnt durch die Heiligen und die Mutter Maria pflegen die Hochlandindianer weiterhin ihren Ahnenkult und den Glauben an die Erdmutter, die Pacha Mamma. Gleiches gilt für den in Brasilien verbreiteten Voodookult. Aus der gewaltsam den Unterworfenen und schwarzen Sklaven gebrachten Theologie des Kreuzes hat sich eine religiöse Mischform entwickelt, die das Altvertraute in neuem Gewand präsentiert.

Blick vom Aconcagua, Chile

Perito Moreno, Patagonien

Hauptkrater des Poás, Costa Rica

Blick auf den Mauna Kea, Hawaii

Torres del Paine, Patagonien

Lican-
cábur

Wallfahrt zum Gipfel

In Südamerika muss man nach heiligen Bergen nicht suchen: Sie stehen zu Tausenden zwischen Costa Rica und Feuerland. Hoch oben in den chilenischen Anden, an der Grenze zu Bolivien befindet sich einer von ihnen. Ein unverwechselbarer Gipfel, der sich inmitten der Atacama-Wüste erhebt, knapp 6000 Meter hoch, umgeben von zahlreichen erloschenen und noch tätigen Vulkanen.

Licancábur, Chile

Inka-Ruinen in der Atacamawüste

Wenn sich der Licancábur, der »Berg des Volkes«, in der Laguna Verde spiegelt, ist das ein magischer Anblick. Das Blau des Himmels wird eins mit dem Türkis des Wassers, der fast symmetrisch geformte Kegel scheint zu schweben. Die ganze Gegend um den heiligen Berg zeugt von der jahrtausendealten Verehrung, die die Menschen einst dem Licancábur entgegenbrachten. Überall finden sich Zeugnisse, alte Kultplätze und Opferstätten der Ureinwohner. Vor allem die Inka, die vor rund 600 Jahren hierherkamen, haben ihre Spuren hinterlassen. Die auf dem Gipfel verborgenen Ruinen sind den Forschern bekannt, in ihren Einzelheiten seit 1950 dokumentiert. Hundert und mehr Fundstücke sind am Fuß des Berges geborgen worden, viele Objekte in einem Ruinenkomplex auf einer Höhe von etwa 4900 Metern. Dazu noch zwei Dutzend Grabbeigaben im Gipfelbereich. Wie viel mehr Grabräubern im Laufe der Zeit zum Opfer gefallen ist, vermag niemand zu sagen.

Der Licancábur gilt als eines der wichtigsten Heiligtümer in den Anden. Dabei ist er weder der höchste Berg noch der schwierigste Gipfel in der Region. Es ist die

Kombination aus Lage, Höhe, Farbe und Form, die ihn so einzigartig macht. Im beeindruckenden Panorama, das die Oase San Pedro de Atacama beherrscht, wirkt er mit seinen rostroten Flanken und dem fast perfekten konischen Aufbau alles überragend, wie der Erde enthoben.

Wie die frühen Andenbewohner faszinierte er auch mich, als ich 1998 erstmals zu ihm aufschaute. Nach dem Untergang der Inka wurde der Licancábur erst in den Jahren 1884 und 1886 wieder bestiegen. Seitdem wurden die Expeditionen dorthin Jahrzehnt für Jahrzehnt mehr. Walter Bonatti, der bekannte Bergsteiger und Abenteurer, erklomm den Berg am »Ende der Welt«, wie er die Gegend nannte. Erich von Däniken reiste an, um Luftaufnahmen vom Krater mit der Wüste darunter abzugleichen, der Luftwaffengeneral Eduardo Jensen ließ die Ruinen am Kraterrand vom Flugzeug aus fotografieren. Alle Gipfelbesteiger, ob Bergsteiger oder Forscher, bestätigten die Existenz der Ruinen, deren Spuren sich bis hinauf zum Gipfel finden. Lange Zeit gab es keine Datierung der Opferstätten, nach und nach erst wurden Ausmaß und Bedeutung der Funde bekannt – dank der Archäologen Gustave Le Paige, Pedro Rosende, Jean-Marie Baron und des Anthropologen Johan Reinhard.
Durch ein Tal auf der chilenischen Seite des Berges, Valle de Luna genannt, wurde ich Richtung Basislager gefahren. In diesem »Tal des Mondes«, das in der Nähe der kleinen Oase San Pedro de Atacama beginnt, waren zahlreiche Mumiengräber gefunden worden, wo die Toten einst mit Blick auf den Licancábur bestattet worden waren. Allein das Museum des Ortes beherbergt 300 Mumien aus der Region. Es wirkte gespenstisch auf mich, in den verwitterten rostbraunen Hängen links und rechts der Straße Stätten des Todes zu wissen. Diesem Kult, der in der ganzen Region nachzuempfinden ist, am Llullaillaco ebenso wie am Licancábur, galt meine Neugier.
Als wir, eine kleine Gruppe Filmleute und Bergsteiger, auf die Hochfläche der Puna de Atacama einbogen, wurde es Abend. Der Licancábur stand wie ein stahlblauer Kegel über der hell erleuchteten Wüste im Gegenlicht. Was für ein Götterberg! Obwohl nur wenige Kilometer von San Pedro de Atacama entfernt, erschien er mir wie jeder Zivilisation entrückt: ein Berg

von knapp 6000 Metern Höhe in einer Kette von tätigen und erloschenen Vulkanen, an deren äußerstem Ende der höhere Llullaillaco steht.

Unmittelbar unter dem Kegel des Licancábur liegt ein zweigeteilter See: die Laguna Verde. Ihre Farbe verändert sich ständig mit den verschiedenen Lichteinfällen – von hellem Türkis bis zu dunklem Grün, eingefasst von einem schneeweißen Salzkranz. Als wir bei einigen Mauerresten unser Basislager zwischen See und Berg beziehen, bekomme ich eine Ahnung, dass nicht nur das Landschaftsbild diesen Platz zu einem besonderen Ort macht. Auch die Höhe (4600 Meter über dem Meeresspiegel) spielt dabei eine Rolle. Je höher wir Menschen steigen, umso offener sind wir für das Geheimnisvolle. Der Ruinenkomplex am Fuße des Licancábur und die steinernen Überreste um die Laguna Verde, die alle einst wohl von religiöser Bedeutung waren, wirken so weiträumig, dass sie offensichtlich zum »Gebrauch« für das Volk bestimmt gewesen waren – ein Ort, nicht nur einer elitären Priesterkaste vorbehalten. Bei besonderen Anlässen wie der Winter- und Sommersonnenwende, die mit Wallfahrten zum Sonnengott Inti begangen wurden, könnten viele Inka diesen Platz bewohnt haben. Wenigstens zeitweise. In der Lagune, an den Hängen und auf dem Gipfel sind so viele Opfergegenstände gefunden worden, dass wir daraus schließen dürfen, dass der Berg und seine unmittelbare Umgebung einer der wichtigen Inka-Opferplätze war: der Gipfel des Licancábur als Altar. Auf dem Kraterrand sollen Priester große Feuer unterhalten haben, die es ermöglichten, mit verschiedenen Höhenheiligtümern in der weiteren Umgebung Kontakt zu halten, insbesondere mit dem nahen Zwillingsberg Cerro Quimal. Wie oft und wie lange die Priester auf den hohen Gipfeln ausharrten, um den Göttern zu huldigen, wissen wir nicht. Die Steinhütten aber lassen auf Kulthandlungen schließen, die wochenlang gedauert haben könnten.

Der Licancábur und die ihn umgebenden Gipfel waren einst heilige Orte. Soweit Archäologie und Ausdauer es bisher vermochten, sind sie alle bestens erforscht. Vor allem der Licancábur. Trotzdem bleibt vieles Spekulation, manches wird wohl, nicht zuletzt aufgrund der widrigen klimatischen Bedingungen, auch in Zukunft offen bleiben. Dass auf dem Gipfel des Licancábur Opferrituale stattgefunden haben, war lange Zeit nur eine Hypothese – die sich aber inzwischen als Tatsache erwiesen hat. Johan Reinhard, Wissenschaftler und Abenteurer zugleich, ist der Spezialist schlechthin auf dem Gebiet der Mumienforschung in den Anden. Allerorten im ehemaligen Großreich der Inka – von Peru über Ecuador bis Argentinien – hat er Menschenopfer ausgegraben. Mumifizierte und gefriergetrocknete Körper, zwischen 500 und 600 Jahren alt, vielfach hatten sie Opfergaben bei sich. Trinkbecher, Muscheln, Miniaturlamas aus Kupfer, winzige Puppen und Ornamente aus Gold oder Silber, Keramik. Er fand auch Kindermumien am Berg, in Hockstellung in ihre Kleider genäht. Wurden sie bewusst geopfert, um die Götter zu besänftigen? Als Schutz gegen Dürre, Vulkanausbrüche oder andere Katastrophen? Wir wissen es nicht. Neuere Untersuchungen des Mageninhalts der Mumien haben ergeben, dass man ihnen vor Beginn der rituellen Handlungen offenbar Maisbrei und Kokatee eingeflößt hat. Viele Mumien sind körperlich unversehrt, vielleicht hat man die Menschen einst einfach auf dem Gipfel zurückgelassen, wo sie höhenkrank erfroren.

Um diese »herzlose« Praxis nachvollziehen zu können, ist es wichtig, die Weltsicht indianischer Völker nachzuempfinden. Ihr »Weltgeist« umfasst alles – Dinge, Tiere, Menschen, Götter – und alles lebt. Auch die Toten sind Teil dieses Ganzen, die in ihrem Stadium des Übergangs Neubeginn bedeuten. Den Inka war jeder Berg, jede Erhebung aus Lehmziegeln oder Steinen heilig. Selbst die kunstvoll angelegten Terrassenäcker am Fuße der Anden galten ihnen als überdimensionale Treppen ins Jenseits.

Auf mich hat der Berg, die ganze Umgebung – rauchende Vulkane, der See, verschiedenste Mineralfarben – eine fast hypnotische Wirkung. In den frühen Morgenstunden ist alles in mystische Nebel getaucht. Kein Wunder, dass sich um den Licancábur so viele Legenden ranken, die ihm eine Persönlichkeit verleihen. Wie die jener mythischen Hochzeit des Licancábur mit dem benachbarten Cerro Quimal; eine Geschichte ähnlich der, wie sie in Mexiko über Popocatépetl und Iztaccíhuatl überliefert ist. Popocatépetl war einst ein indianischer Krieger, der sich in das Mädchen Iztaccíhuatl verliebte. Der Name der Häuptlingstochter bedeutete »weiße Frau«. Ihr Vater verlangte von seinem künftigen Schwiegersohn Kriegsruhm. Erst wenn er einen feindlichen Stamm besiegt und ihm zum Beweis den Kopf des Anführers gebracht habe, dürfe er das Mädchen heiraten. Popocatépetl tat wie geheißen, doch es dauerte lange, bis es ihm gelungen war, den Stammesführer zu töten. Als er endlich zurückkehrte, war Iztaccíhuatl vor Kummer gestorben, im Glauben, der Geliebte sei im Kampf gefallen. Popocatépetl trug den Leichnam des Mädchens auf den Gipfel eines hohen Berges. Bewegt von der tiefen Trauer des Mannes, nahm der Berg die Form der Toten an. Popocatépetl selbst verwandelte sich ebenfalls in einen Berg. Er wurde zum »rauchenden Vulkan«; die Flammen, die aus seinem Krater schlagen, symbolisieren die ewig brennende Fackel, in deren Lichtschein er über den Schlaf seiner Braut wacht.

Anders als diese romantische Überlieferung hat das Fest des Schneesterns, das noch heute alljährlich in den peruanischen Anden gefeiert wird, einen zutiefst mythologischen Hintergrund, dessen indianischer Ursprung nur dünn von einer christlichen Firniss bedeckt wird. Kurz vor Fronleichnam bewegen sich Tausende von Pilgern ein fünftausend Meter hohes Tal hinauf, das vom Gipfel des Sechstausenders Ausangate überkrönt wird. Drei Tage lang, bei eisiger Kälte und umgeben von einer grandiosen Gletscherlandschaft, verehren sie tanzend und singend den *Señor de Qoyllur Riti*, dessen Ikonen sie mit sich führen und in der bescheidenen Kirche neu weihen lassen. Die Bilder zeigen eine Christusfigur und eine Gottesmutter, aber trotz der vier auf den Hauptgletschern errichteten Kreuze geht es vor allem um die Besänftigung der Berggötter und der Pachamama, der Mutter Erde, die den Frauen und den Äckern Fruchtbarkeit schenken sollen. Als Opfergaben dienen Muschelschalen, Wolle, Steinfiguren, Kokablätter und das Blut der sich geißelnden Pilger. Das größte Opfer aber bringen diejenigen, die in den Felsabstürzen und Spalten zu Tode kommen, wenn sie die Blöcke mit dem heiligen Eis der Gletscher ins Tal zu den Pilgern schleppen. Denn durch das Eis nimmt man den Gott in sich auf, ähnlich der Hostie in der Eucharistie.

Der Llullaillaco nimmt eine Sonderstellung unter den heiligen Bergen ein, gilt er inzwischen doch als höchster archäologischer Fundort der Welt.

Auf seinem Gipfel sind nicht nur Tempelanlagen gefunden worden, sondern etwas unterhalb auch eine Reihe von Kult- und Grabstätten. Das alles lässt auf eine rege religiöse Praxis schließen, die vor rund 4000 Jahren begonnen haben dürfte. Johan Reinhard hat hier die besterhaltenen Mumien überhaupt gefunden. Aufgrund der trockenen Kälte, die in dieser großen Höhe herrscht, waren die drei Kinderleichen, die im März 1999 in einer Grabstätte auf dem Llullaillaco entdeckt worden sind, nicht verwest. Sie sind, ähnlich wie Ötzi, tiefgefroren erhalten geblieben. Es sind keinerlei Anzeichen von Gewalteinwirkung an ihnen festzustellen. Die Kinder trugen kostbare Kleider aus Piennia-Wolle, ihr Grab war mit vielen wertvollen Beigaben gefüllt.

Galten sie als Mittler zwischen Menschen und Göttern? Wurden sie eigens für diesen Opferritus großgezogen? Johan Reinhard meint: »Die Inka begruben sie auf dem Gipfel, damit sie dem Himmel nahe sind«.

Der Llullaillaco war so gut wie unbekannt, ehe die Sensation von den »Gotteskindern« um die Welt ging. Es hatten zwar Expeditionen zu diesem Berg stattgefunden, aber niemand hatte sich bis dahin die Mühe gemacht, im vereisten Gipfelschutt nach Spuren vergangener Kulturen zu suchen. Eine höllische Schinderei, dazu permanenter Wind und dann und wann Schneegestöber. Für alle, die aus diesen Höhen zurückkommen, wird der Abstieg zum Aus- und Durchatmen. Man spürt mit allen Sinnen die schneidende Kälte, die dünne Luft. Jeder Schritt erfordert Konzentration. Diejenigen, die sich diesen Strapazen aussetzen, geraten in eine religiöse Grundstimmung, die sich auf alles Erleben auswirkt. Eine Grenzerfahrung, die neue Horizonte eröffnet. Die Landschaft zwischen Wolken und Nebeln mit ihren vielfältigen Licht- und Farbenstimmungen, trockene Wüste, soweit das Auge reicht, darüber kupferrote, erloschene Vulkane. Am Grund des Gipfelkraters ein kleiner See, in Teilen eisbedeckt, der Rest des Wasser von einem magisch-intensiven Grün. Ein Anblick, nicht von dieser Welt, als sehe man dem Sonnengott direkt ins Auge.

Auch die Inka wussten, dass der Aufenthalt in großen Höhen halluzinogene Wirkung erzeugt. Ein Phänomen, das die Ureinwohner, die vornehmlich aus religiösen Gründen auf Berge gestiegen sind, durch die Ein-

nahme von Drogen wie Koka noch verstärkt haben. Ein Rauschzustand, der auch im Tal noch anhielt. Mag sein, dass die Inka Religion als Erfahrung an der Grenze des menschlichen Vorstellungsvermögens verstanden und die Auf- und Abstiege auf die heiligen Berge Einblicke ins Jenseitige suggeriert haben. Von unendlicher Schönheit und Grausamkeit zugleich. Ganz oben das Licht, der als göttlich verehrten Sonne so nah, wie sonst nirgends. Der Licancábur wird zum Sinnbild, zum mächtigsten aller heiligen Berge, dessen Schatten sich zum Zeitpunkt der Wende vom Winter auf den Frühling auf den Gipfel des Quimal legt und diesen verdeckt.

Blick vom Licancábur in die Atacamawüste

Der Vulkan in einer historischen Darstellung

Die Religion der Sonne

Der Inka reist. Wie die Morgenröte den Aufgang der Sonne anzeigt, verkünden Boten Tage vorher sein Kommen. Und wie das Himmelsgestirn seinen Lauf unabänderlich und jedes Mal wieder von Ost nach West nimmt, zieht auch der Inka über das Netz seiner Straßen, die man auf seinen Befehl über Berg und Tal, durch Fluss und Wüste, über Schluchten und Sümpfe gebaut hat.

»Der Inka wird erscheinen!« – Straßenreiniger säubern den Weg von Steinen und zupfen jeden Grashalm aus. In den Städten verschwindet die Pflasterung unter Teppichen, Matten und Fellen, mit denen die begeisterten Untertanen die Strecke schmücken und sie gleichzeitig glätten, denn ein schlechtes Omen wäre es, wenn der Herrscher in seinem Tragstuhl ins Schwanken geriete.

Der Inka sitzt in einer Sänfte aus erlesenen Hölzern, die mit Gold, Silber und Edelsteinen reich verziert und innen und außen mit Papageienfedern besetzt ist. Traditionell sind es Indianer vom Stamm der Rucana, die als Träger dienen, aber manchmal gewährt der Herrscher auch den obersten Herren seines Gefolges das Privileg, ihn tragen zu dürfen.

Rechts und links seines Weges sind die Menschen zusammengeströmt, um ihn anzubeten. »Großer Herr, Sohn der Sonne, Beherrscher der ganzen Welt!«, rufen sie ihm aus sicherer Entfernung zu. Denn wohl ist die Sänfte des Inka mit einem dichten Vorhang verschlossen, der nur beim Ein- und Aussteigen geöffnet wird, aber nicht auszudenken, wenn der Blick des göttlichen Herrschers geradewegs auf ein ungeschütztes Menschenauge träfe. Schon wenn ein leiser Wind die Vorhänge bewegt, erhebt sich Angstgeschrei.

Fünftausend mit Schleudern bewaffnete Krieger ziehen dem Inka voraus. Zweitausend Mann zählt seine Leibgarde. Sie besteht aus Adligen, was man daran erkennt, dass in ihren Ohren mächtige goldene Scheiben stecken und ihr Haar kurz geschoren ist. Aus Ehrerbietung vor dem Herrscher ist Stillschweigen befohlen. Also ist es still bis auf das Flip-Flap, das die Sandalen auf den Steinen der Straße verursachen. Geruht der Inka in einem Ort zu bleiben, ist der reichgeschmückte Thron auf dem Hauptplatz bereits für ihn vorbereitet. Opfer werden ihm dargebracht: Lamas, Kokablätter, Mais. Wer so arm ist, dass er gar nichts geben kann, reißt sich die Wimpern aus und bläst sie in Richtung des Sonnensohns.

Der Name Inka war ursprünglich keine Stammesbezeichnung, sondern der Titel des Herrschers. Erst später, als sich das Reich über Südamerika ausgedehnt hatte, wurde auch den Bewohnern des Tales von Cuzco, der Hauptstadt des Imperiums, die Ehre zuteil, diesen Namen tragen zu dürfen. Sie wurden damit in den Rang einer Elite erhoben, die der Herrscher durch geschickte Heiratspolitik an sich band. Wer nicht mit ihm verwandt war, aber sich durch Leistung oder besondere Treue auszeichnete, wurde »Inka durch Privileg«. Als Zeichen ihrer Aufnahme in den Adelsstand erhielt die neue Elite schwere goldene Ohrpflöcke, die ihre Ohrläppchen nach unten zogen. Orejones, »Großohren« wurden sie später von den Spaniern genannt. Wer tatsächlich vom Inka abstammte – und das waren nicht wenige, da dem Herrscher neben seiner Hauptfrau Hunderte von Konkubinen zustanden –, durfte sich mit ein oder zwei Falkenfedern schmücken, »damit sie erkannt und behandelt und verehrt werden von allen Menschen als meine Nachkommen; und wenn jemand anderes dieses Symbol, dass er aus Cuzco ist und zu den wichtigen Menschen gehört, nutzt, wird er dafür sterben«, lautete das Gesetz.

Alle Inka, welchen Ranges auch immer, verband der Glaube, von einer höheren Macht gesandt und daher allen anderen überlegen zu sein.

Ihr Reich, eines der größten Imperien der Menschheit, erstreckte sich über 37 Breitengrade und 4600 Kilometer von Kolumbien im Norden bis nach Chile. Es schloss die heutigen Staaten Ecuador, Peru und Bolivien ein und dehnte sich sogar in die Dschungel des Amazonastieflands und in die Steppen des argentinischen Gran Chaco aus. Eine Fläche von rund einer Million Quadratkilometern, auf der – verteilt auf über zweihundertfünfzig Stämme – neun bis zehn Millionen Menschen lebten. In der Inka-Sprache Quechua hieß dieses Staatengebilde *Tahuantinsuyu*, das Reich der vier Weltgegenden. Für die Inka war dies gleichbedeutend mit der ganzen bewohnten Erde. Denn außerhalb ihres Reiches, so glaubten sie, gebe es nur die Wasserwüste des Ozeans und die grüne Hölle des Urwalds.

Dass sie in allen Schlachten immer siegreich gewesen waren und alle Völker unterworfen hatten, verdankten sie dem Sonnengott Inti. Manco Cápac, der Sohn der Sonne und seine Schwester Mama Ocllo sollen der Legende nach von Inti auf die Welt geschickt worden sein. Manco Cápac, der erste Inka, erhielt einen goldenen Stab und den Auftrag, den Völkern der Anden eine höhere Kultur zu bringen. Auf der Sonneninsel im Titicacasee gelangten er und seine Schwester auf die Erde. Als sich am Berg Huancauri der goldene Stab in den Boden senkte, war dies das Zeichen, an dieser Stelle die Stadt Cuzco zu erbauen. So überlieferten es die Priester.

Götterfigur vom Cerro Galan

Die Völker, die vor den Inka im Tal von Cuzco lebten, wurden unterworfen oder ausgelöscht. Dort, wo vor der Ankunft der neuen Herrscher schon funktionierende Gemeinwesen bestanden hatten, eigneten sich die Inka deren Errungenschaften an, entwickelten sie weiter und gaben sie schließlich als die ihren aus. Am Ende – in schriftlosen Gesellschaften reicht das kollektive Gedächtnis höchstens drei Generationen zurück – glaubten selbst die Unterworfenen, dass nur durch die Inka Frieden, Gerechtigkeit und Wohlstand in die Welt gekommen seien.

Nicht nur bei den Eroberungen, sondern vor allem bei der Wahrung des Imperiums spielte der Sonnengott eine wichtige Rolle. Vom neunten Inka Pachacútec, der von 1438 bis 1471 regierte und als Reformator und Mehrer des Reiches in die Geschichte einging, ist eine Vision überliefert: An einer Quelle sitzend, fiel ihm eine Kristallscheibe ins Wasser. Plötzlich sah er auf ihr eine Gestalt, gekleidet wie ein Inka-Adliger. Von ihrem Kopf gingen drei Lichtstrahlen aus. Schlangen, die heiligen Tiere der Unterwelt, umwanden ihren Körper und ein Puma, das heilige Tier der Erde, umfasste ihre Schultern. Pachacútec erschrak und wollte fliehen, aber die Erscheinung nannte ihn beim Namen und sprach: »Komm herbei, mein Sohn, und fürchte dich nicht. Denn ich bin dein Vater, der Sonnengott Inti. Wisse, du wirst viele Völker unterwerfen. Trage daher Sorge, mir große Ehrfurcht zu erweisen, und gedenke meiner bei deinen Opfern.«

Mit dieser Vision wurde Pachacútec und seinen Nachfolgern noch einmal nachdrücklich der göttliche Auftrag zur Erlangung der Weltherrschaft erteilt. Vor allem aber betonte sie die besondere Stellung des Herrschers: Als Sohn der Sonne ist der Inka menschgewordener Gott. Die Heiligkeit seiner Person wurde bei Riten und Zeremonien unterstrichen. Wer zur Audienz empfangen wurde, zog sich die Schuhe aus und trug als Zeichen der Unterwerfung eine Last auf dem Rücken. Keiner wagte es, dem Inka ins Gesicht zu sehen – so, wie man es auch vermeidet, mit ungeschütztem Auge in die Sonne zu blicken. Am Ende der Regierungszeit Pachacútecs war der Glaube an das übernatürliche Wesen der Inka zur Selbstverständlichkeit geworden. »Sie waren mehr als Menschen«, notierte ein spanischer Chronist voller Bewunderung.

Mitten in der Hauptstadt Cuzco stand das »Haus der Sonne«, ein Tempel, dessen Wände goldene Platten zierten und in dessen Allerheiligstem eine riesige goldene Sonnenscheibe die Gegenwart des Gottes Inti symbolisierte. Es war eine große Ehre, beim *Inti Raimi* dabei sein zu dürfen, dem alljährlichen Fest der Sommersonnenwende, das neun Tage dauerte und bei dem der Inka seinem göttlichen Vater die nur dem Adel erlaubten berauschenden Kokablätter opferte und schwarze Lamas, »eine Farbe, die die Inkas bei ihren Opferungen bevorzugten, weil sie ihr eine größere göttliche Eigenschaft zusprachen. Sie sagten, dass ein weißes Tier nur eine schwarze Schnauze habe, was als Makel angesehen und deshalb geringer geschätzt wurde, während ein schwarzes Tier am ganzen Körper dunkel war. Aus diesem Grund waren die Inka-Herrscher häufig schwarz gekleidet«, berichtet der Chronist Garcilaso de la Vega, Sohn einer Inkaprinzessin und eines Spaniers. Mehr als 500 »Sonnenjungfrauen« (*acllas*), die bei Todesstrafe zur Keuschheit verpflichtet waren, dienten in Cuzco dem Sonnengott. Nur dem Inka selbst war es gestattet, sie aufzusuchen. Die Mädchen, die im Alter von acht bis vierzehn Jahren von speziellen Kommissionen im ganzen Reichsgebiet nach Schönheit oder besonderen Talenten ausgewählt wurden, mussten ihre Familien für immer verlassen. Doch Inti zu dienen galt als Ehre und Auszeichnung und verschaffte der Herkunftsfamilie Prestige und Ansehen. Ebenso, wenn der Inka eine dieser Jungfrauen einem Heerführer oder Gouverneur als Belohnung zur Ehefrau gab.

Die Verehrung der Sonne wurde im Inka-Reich zur Staatsreligion, überall entstanden neue Tempel für den Sonnengott. Jedem Tempel war ein *acclahuasi*, ein »Haus der Auserwählten« zugeordnet, in dem »Sonnenjungfrauen« mit Opfern und Gebeten den Dienst für Inti verrichteten. Man hat ihre Gesamtzahl im Inka-Reich auf 15 000 geschätzt. Unauflöslich war die Verbindung zwischen Sonnengott und irdischem Herrscher. Wurde der Inka krank oder drohte gar zu sterben, war auch das Gestirn bedroht. Die Menschen fürchteten, dass die Kraft der Sonne schwinden könnte und damit Wärme und Licht. »Mögest du niemals alt werden, mögest du immer jung bleiben, mögest du jeden Tag aufgehen, um die Erde zu erleuchten«, lautete das übliche Gebet. Um den

Inka und damit die Sonne zu stärken, musste man dem Sonnengott Lebensenergie zuführen, einem Generator ähnlich, der Strom benötigt. Geschah dies nicht, konnte Inti seine Aufgabe nicht mehr erfüllen. In Tibet sorgen bis heute die Gebetsfahnen und -trommeln, die gemurmelten Mantras und steinernen Inschriften für die »Nahrung der Götter«. Im Inka-Reich glaubte man, Sonnengott und Herrscher in Krisenzeiten mit menschlichem Blut und dem Opfern von Kindern beispringen zu müssen. Denn nur das junge Leben war imstande, das alte zu verlängern. Die Notwendigkeit, so zu handeln, leuchtete allen ein, ging es doch um nichts weniger als den Fortbestand der Welt.

Es waren sorgsam ausgewählte Mädchen und Knaben, die man opferte. Keine Missbildung, keine Verletzung durfte ihre Körper entstellen. Weder der einflussreichste Adlige noch der ärmste Bauer hatte das Recht, seine Kinder vor Inti zu verstecken – und wollte es auch nicht. Die Zeit bis zu ihrem Tode war der Vorbereitung auf die rituelle Opferung gewidmet. Wenn sie die besten Speisen bekamen und mit den kostbarsten Stoffen bekleidet wurden, dann nicht deshalb, weil die verantwortlichen Priester ein schlechtes Gewissen hatten, sondern weil das Opfer an Inti nur dann nützte, wenn es gesund und damit voller Lebenskraft war. Aus den Haarproben der Kindermumien, die Archäologen auf den Gipfeln der Anden fanden, lässt sich schließen, dass man die Kinder monatelang an die Höhe gewöhnte. Vor ihrem Ende betäubte man sie mit *chicha*, dem bei Festen getrunkenen Maisbier, oder mit Kokablättern. So wie diejenigen, die dem Inka freiwillig in den Tod folgten. An seiner Seite winkte ihnen das Paradies.

Hinrichtung Atahualpas

Dass ihr Reich untergehen könnte, wenn der Sonnengott schwach wurde, konnten sich die Inka vorstellen. Nicht aber ihre Niederlage gegen einhundert dahergelaufene Spanier, zehn Pferde und eine Kanone. Als der Konquistador Francisco Pizarro den Inka-Herrscher Atahualpa in eine Falle lockte, die Spanier das Feuer eröffneten und unter den fünftausend indianischen Kriegern seines Gefolges Panik ausbrach, saß Atahualpa inmitten des Chaos völlig ruhig in seiner von achtzig Adligen getragenen Sänfte und tat – nichts. Der Überraschungsangriff eines Gegners, den er verachtete und dem er sich turmhoch überlegen glaubte, war für den Sohn der Sonne genauso unvorstellbar wie für seine unbewaffneten Träger, die versuchten, ihren Herrscher vor dem Zugriff der Spanier zu schützen. Zu Dutzenden wurden sie niedergehauen, aber immer neue Adlige traten an die Stelle der Toten, damit ihr Gottkönig nicht zu Boden fiel, seine Würde gewahrt blieb. Pizarro war es schließlich, der Atahualpa vor der entfesselten spanischen Soldateska schützte, die bei Verlust eines einziges Mannes, dazu noch eines »Negers«, wie die Quellen abschätzig kommentieren, Tausende von Indianern niedermetzelte. Doch der Schutz währte nicht für lange. Obwohl der Inka ein in der Menschheitsgeschichte noch nie bezahltes Lösegeld versprach – einen vierzig Quadratmeter großen Raum ließ er binnen zweier Monate mit Gold füllen, »so hoch wie ein erwachsener Mann mit seinen Fingern reicht« –, wurde er als Hochverräter hingerichtet.

Mit den Inka-Herrschern starb auch ihre Sonnenreligion, nicht aber die beinahe sakrale Verehrung ihrer Person. Als die Spanier den letzten Herrscher der Inka, Tupac Amaru, 1572 auf dem Hauptplatz von Cuzco zum Schafott führten, säumten mehr als hunderttausend Indianer auf den Knien liegend, weinend und klagend den Weg. Doch Tupac Amaru brauchte nur die Hand zu heben, »und schon herrschte eine absolute Stille, als atme auf dem Platz kein lebender Mensch«, schrieb ein Augenzeuge. Um die abschreckende Wirkung der Exekution noch zu steigern, stellte man den abgeschlagenen, blutigen Kopf auf einem Pfeiler öffentlich zur Schau. Doch, so fährt der Augenzeuge fort, »eine beängstigende Anzahl von Indios verharrte auf dem Platz in Anbetung des verehrten Hauptes, ohne zu essen, und wollte sich nicht von ihm trennen«.

Juval

Ötzis Kultplatz

Die »heiligen Berge« sind weder höher noch schöner als andere Gipfel in der Umgebung. Sie mögen Schnee tragen, Gase oder Feuer spucken, mit ihrem Quellwasser »heilige Flüsse« nähren oder als riesige Monolithen mitten in der Wüste liegen – ihr Mythos bleibt den meisten Reisenden verborgen. Für uns aufgeklärte »Westler« liegt ihre Anziehungskraft in der Regel darin, dass wir sie als touristische Ziele betrachten. Der religiöse Wert, alte Mythen allein reichen uns nicht mehr aus.

Einst waren es eben diese Mythen, die den Menschen auf Distanz hielten. Niemand steigt auf einen hohen Gipfel, solange das Göttliche dort oben respektiert wird. Wer fürchtet, die Götter zu stören, ihren Zorn auf sich zu ziehen, bleibt unten. Erst mit der Aufklärung beginnt der Gipfelsturm: Alexander von Humboldt erklimmt die Anden, katholische Priester steigen auf die Alpengipfel, Hans Meyer aus Leipzig erobert 1889 den Kilimandscharo. Die Götter dort oben waren für ihn nur ein Gerücht.

Heute wird »heilig«, einst gleichbedeutend mit Tabu, als besondere Attraktion verstanden und gebucht. Für Einheimische mancher Regionen ein Sakrileg. Obwohl inzwischen die meisten Himalaya-Gipfel bestiegen sind, halten Hindus, tantrische Buddhisten und tibetische Lamaisten an einigen Berggipfeln als Throne der Götter fest: Kangchendzönga, Kailash, Machapuchare, Gaurishankar. Seit aber Chomolungma (Mount Everest), für Tibeter einst die »Muttergöttin der Erde«, Jahr für Jahr für Jahr von Hundertschaften belagert und bestiegen wird, ist ihr Mythos geschwunden. Der Allerhöchste ist ein banaler Berg geworden, gemessen nur noch in Zahlen.

Herbert Tichy hatte über den Kailash noch geschrieben, im Angesicht dieses Gipfels habe er gelernt, dass »heilig« ernst zu nehmen sei. Eine Viertelmillion Touristen steigt jährlich auf den Ayers Rock: eine zwei Stunden Tour, von »heilig« ist dabei nichts zu bemerken. In unseren Industriegesellschaften sind Berge Reiseziel, Sportplatz und Kulisse geworden. Auch sollen sie zur Selbstfindung dienen – Ausdruck des Göttlichen? Wer Berge und sich selbst kennen lernen will, sollte eine Besteigung nicht unter dem Leistungsaspekt wagen. Gehen ist die Urform des Reisens. Man misst den Weg in tausend kleinen Schritten aus. Beim Steigen erst wächst sich der Berg aus dem Postkartenformat in uns zu seiner wahren Größe aus. Japans Asketen praktizieren in den heiligen Kii-Bergen auf der Hauptinsel Honshu ihre Rituale. Auf alten Pilgerwegen über Steine und Moos ziehen sie meditierend durch die Berge. Die Natur gibt ihnen Kraft. Diese Wege, die durch dampfende Wälder, über Felsen und durch Schluchten führen, gibt es auf allen Kontinenten. In Europa führt einer von ihnen zum Messner-Mountain-Museum Juval, wo ich an Ötzis-Kultplatz vom Erhabenen erzähle. Diese Wege sind nichts für Weltflüchtige, die mit dem Anspruch des Höchsten den Niederungen des Alltags entfliehen wollen. Die Reise ins Ich, wie ich sie heute verstehe, hat wenig gemein mit der Sehnsucht nach dem Unendlichen, die die Romantiker getragen hat: Friedrich Schlegel durch Frankreich, Goethe nach Italien, später Friedrich Nietzsche in die Alpen. Dieses Reisen hatte sich von der religiösen Bedeutung gelöst – und ist doch spirituell geblieben. Das Gefühl der Erhabenheit kam aus der Spannung, die in demjenigen entsteht, der einen Berg, die Natur schaut und dabei Ehrfurcht empfindet.

Der Konsumtourismus hat das Verhältnis Menschen-Natur Berg-Natur verändert: Berge sind zubetoniert, Kulturen und Mythen zerstört. Reisen als Verlagerung der Gewohnheiten in Breiten mit besserem Wetter, Karaoke, Show und Spaß oder als Modeerscheinung beim Übernachten im Kloster oder auf dem Jakobsweg kann zwar spirituell inspiriert sein, bleibt aber meist leer. Überall auf der Welt wird heute angeboten, zur Erleuchtung zu finden, in München ebenso wie im Karakorum, in Südtirol wie im Teutoburger Wald.

Die Schamanen im Himalaya sind nicht schlauer als die Esoteriker in einer aufgeklärten Welt, deren Bürger sich mehr und mehr nach dem Außergewöhnlichen sehnen. Nur wer alles Gewohnte und seine Gewohnheiten zurücklässt, kann er-fahren, er-tasten, er-leben. Nur wer sich infrage stellt, sich dem Fremden ausliefert, verunsichert sein Ego. Dem Fremden in uns selbst werden die Berge höher, die Abgründe tiefer, das Leben wertvoller. In der Fremde sind alle Abgründe existentiell. Es gilt, sich selbst und den Menschen zu vertrauen, die uns begleiten.

Schloss Juval

Bildnachweis

Soweit im Folgenden nicht anderweitig aufgelistet, liegt das Copyright der Bilder bei Reinhold Messner. Das verwendete historische Bildmaterial ist rechtefrei.

AKG: 132 / 133, 192 / 193, 195

Ed Cooper, USA: 8 – 10, 203 – 207, 212, 214, 228, 229

Georg Tappeiner: 255

ullstein bild, Berlin: 61 (imagebroker.net / Ulrich Doering), 104 (Roger Viollet / Dominique Valter), 116 (CHROMORANGE / TipsImages / Claud), 117 (imagebroker.net / Olaf Schubert), 131 (imagebroker.net / Konstantin Mikhailov), 137 (CHROMORANGE / TipsImages / Herme), 144 / 145 (imagebroker.net / Manfred Bail), 146 (imagebroker.net / Heiner Heine), 148 (CHROMORANGE / TipsImages / Laure), 149 (CHROMORANGE / Craig Lovell), 151 (imagebroker.net / ROM), 156 (Prisma / Jürgen Held), 157 (imagebroker. net / Otto Stadler), 160 / 161 (Prisma / Bruno Blum), 181 (Prisma / Bruno Blum), 190 (Prisma / CCOphotostockBS), 198 (Raimund Franken), 210 / 211 (Prisa / Mark Newman), 217 (CHROMORANGE / TipsImages / Haral), 230 / 231 (Prisma / Raga Jose Fuste), 250 (The Granger Collection)

Impressum

ISBN: 978-3-550-08891-9

© 2013 by Ullstein Buchverlage GmbH, Berlin
Alle Rechte vorbehalten
Lektorat: Heike Gronemeier
Layout & Satz: Heike Gronemeier
Gesetzt aus der ITC Legacy
Druck und Bindearbeiten: Livonia Print, Riga, SIA